Jörg Berkemeyer

Intranet
Informationsfluß und Kommunikationsprozesse in Organisationen

1999

Zugleich Universitätsdissertation an der Heinrich-Heine-Universität Düsseldorf im Fach Informationswissenschaft, Prüfer im Hauptfach: Univ.-Prof. Dr.
Norbert Henrichs.

Herstellung: Libri Books On Demand
ISBN 3-89811-166-0

1 Inhalt

1.1 Inhaltsverzeichnis

1.2 Abbildungsverzeichnis

1.3 Diagrammverzeichnis

1.4 Tabellenverzeichnis

2 Einleitung

Informationen haben vor dem Hintergrund einer zunehmenden Globalisierung, raschem technischen und methodischen Wandel sowie veränderter Einstellungen der Menschen eine immer größere Bedeutung. Informationsvermittelnde Systeme wie das Intranet werden zur zentralen Infrastruktur für die Prozesse in Organisationen.

Grundlegend stellt sich die Frage, wie Informations- und Kommunikationstechnologien Organisationen verändern. Es ist zu untersuchen, welche Organisationsformen entstehen bzw. wie sich heutige Organisationsstrukturen verändern werden. Den Technologien, die Organisationen für Informations- und Kommunikationszwecke nutzen, kommt dabei eine Schlüsselrolle zu.

An das Individuum werden in diesem Umfeld neue Anforderungen gestellt. Der schnelle Wandel der Technologien und Sichtweisen erfordert ständige Anpassungsprozesse und lebenslanges Lernen. Konkrete Fertigkeiten sind in diesen Strukturen von geringerer Bedeutung als in der Industriegesellschaft, soziale Kompetenz und die Fähigkeit zu Lernen werden zu den entscheidenden Qualifikationen für die erfolgreiche Mitarbeit in Organisationen.

Die hierarchischen Organisationsformen, die die Organisationsstrukturen in den letzten Jahrzehnten bestimmt haben, werden zunehmend abgelöst. Neue Informationstechnologien ermöglichen neue Organisationsformen mit flexibleren und effizienteren Arbeitsformen. Aus organisatorischer Sicht sind diese neuen Organisationsformen (Matrixorganisation und Virtuelle Organisation) zu beschreiben. Aus technologischer Sicht sind die Informationstechnologien, die diese Organisationsformen fördern bzw. ermöglichen, zu erläutern und in ihren Auswirkungen zu analysieren.

Bei der Diskussion des Themas Intranet steht in der allgemeinen Auseinandersetzung die Technologie im Mittelpunkt der Betrachtung. Technische Systeme werden ausführlich analysiert, die Informations- und Kommunikationsstrukturen in den Organisationen aber zu wenig diskutiert. Die vorhandenen system- und organisationstheoretischen Ansätze finden bei der Einrichtung von Intranets kaum Berücksichtigung, da Fragen der praktischen und technischen Umsetzung bei konkreten Projekten im Vordergrund stehen. Die vorliegende Arbeit soll an diesem Punkt ansetzen und die Merkmale des technischen Informations- und Kommunikationssystems zu den organisatorischen Auswirkungen in Beziehung setzen. Der Einfluß der Technologie auf Organisationsprozesse wird analysiert, neue Organisationsformen, die auf Basis des Intranets entstehen, beschrieben und bewertet.

Im ersten Teil wird der gesamtgesellschaftliche Kontext beschrieben, der die Entwicklung im Bereich organisationaler Informations- und Kommunikationssysteme beeinflußt. Die Auswirkungen der Informationsgesellschaft, die zunehmende Bedeutung des Produktionsfaktors Information, Globalisierung und weltweite Aufgabenverteilung, der Wandel hierarchischer Strukturen zu Matrixorganisationen, flache Hierarchien, Gruppen- und Teamarbeit, individualisierte Kundenwünsche sowie neue Einstellungen der Individuen in Organisationen stellen die Rahmenbedingungen für die Implementierung von Intranets dar.

Im Anschluß an diese Einordnung des Themas in einen theoretischen Rahmen folgt eine Definition des Intranets aus organisatorischer Perspektive. Das Intranet wird als organisationsinternes, informationstechnisches Netzwerk für Organisationen vorgestellt, das auf Internet-Technologien basiert. Informations- und Kommunikationsfunktionen, die über das Intranet der Organisation zugänglich werden, und die daraus resultierenden Auswirkungen auf die Organisationsstruktur, stehen dabei im Mittelpunkt. Eigenschaften und Merkmale des Intranets werden im Hinblick auf organisationale Aspekte analysiert.

Im folgenden Teil wird anhand empirischer Daten die Verbreitung des Intranets in Organisationen dargestellt. Die Grundlage für eine schnelle und tiefgreifende Diffusion der Intranet-Technologien und -Konzepte in Organisationen sind die Verbreitung und Akzeptanz des *Internets*. Dabei werden Zahlen zur Akzeptanz der Anwender, Verbreitung und zukünftige Entwicklung von Intranets - weltweit sowie insbesondere in Deutschland und den USA - Kosten und Sicherheitsaspekte, Zahlen zu einzelnen Intranet-Technologien, wie Web-Server[1], Browser[2] und E-Mail[3], genannt.

In Kapitel 3 werden die Aspekte des Intranets vorgestellt, die sich auf die Funktionsweise innerhalb der Organisation beziehen. Einfache Anwendbarkeit, Anpassungsfähigkeit, Flexibilität, Skalierbarkeit, Plattformunabhängigkeit, Kostenvorteile, Sicherheit und umfassende Kommunikations- und Informationsfunktionen des Intranets werden erläutert und in Bezug zu bestehenden Systemen und Anforderungen der Organisationen diskutiert.

Kapitel 4 stellt technische Grundlagen und Konzepte des Intranets dar, die vor allem aus dem Internet übernommen werden. Technische Komponenten wie Vernetzung, Protokolle, Browser usw. sowie konzeptionelle Grundlagen wie Hypertext werden erläutert und unter organisatorischen Gesichtspunkten diskutiert.

Kapitel 5 befaßt sich mit den Einsatzmöglichkeiten des Intranets in unterschiedlichen Organisationseinheiten bzw. für bestimmte Organisationsziele. Begonnen wird mit der Erläuterung der allgemeinen Informations- und Kommunikationsfunktionen in Organisationen und insbesondere der schnelleren und verbesserten Informationsversorgung der gesamten Organisation durch Elemente des Intranets. Danach werden spezielle Organisationseinheiten vorgestellt, in denen das Intranet positiv wirken kann: Marketing, Vertrieb, Forschung und Entwicklung, Personalwesen, Führung der Organisation, Planung und Kontrolle, Schulung und Hilfestellung, Telearbeit, Informationsbibliotheken sowie Datenbanksysteme.

Da das Intranet als zentrales Informations- und Kommunikationsinstrument in Organisationen dargestellt wird, erfolgt in Kapitel 6 eine Definition der Organisation, insbesondere der modernen Organisationsformen. Die Bedeutung von Systementwicklung, Organisationalem Lernen, dezentralen Strukturen und den veränderten Anforderungen an die Mitglieder von Organisationen wird im Hinblick auf das Intranet vorgestellt. Dem

---

[1] Siehe auch „Web-Server" im Glossar Seite 131.

[2] Siehe auch „Browser" im Glossar Seite 125.

[3] Siehe auch „E-Mail" im Glossar Seite 126.

Entstehen neuer Organisationsformen wie interorganisationalen Netzwerken und Virtuellen Organisationen kommt dabei eine besondere Bedeutung zu, da diese ohne das Intranet nur schwer zu realisieren sind.

Anhand von drei Fallbeispielen aus IT-Industrie, öffentlicher Verwaltung und Dienstleistung wird in Kapitel 7 die Umsetzung von Intranets dargestellt. Es schließt sich ein Fazit mit einer Zusammenfassung der Ergebnisse an.

Der Anhang bietet ein Literaturverzeichnis, ein Verzeichnis von Informationsquellen im Internet (WWW) sowie ein Glossar.

3 Intranet

3.1 Gesellschaftliche Entwicklungen und ihr Einfluß auf Organisationen

Organisationen sind keine alleinstehenden, abgeschlossenen Systeme, sondern sie interagieren mit Umweltsystemen. Gesellschaftliche, wirtschaftliche und technologische Entwicklungen wirken sich auf Organisationen aus. Organisationen sind zu Anpassungsprozessen gezwungen. Die Umweltsituation ändert sich dabei in immer schnellerem Maße, mit weitreichenderen Auswirkungen auf die Organisationen. Globalisierung und die Entwicklung zur Informationsgesellschaft sind die Einflußfaktoren auf der Makroebene, mit denen Organisationen konfrontiert werden. Intern wirken sich vor allem Entwicklungen im Bereich der Informationstechnik, neue Organisationskonzepte sowie veränderte Einstellungen der Individuen aus.

Entwicklung zur Informationsgesellschaft

Die traditionellen Produktionsfaktoren der Industriegesellschaft Arbeit, Kapital und Boden sind durch einen vierten Faktor, die Information ergänzt worden. Die wirtschaftlichen und sozialen Entwicklungen, die mit diesem Produktionsfaktor im Zusammenhang stehen, haben auch den Begriff Informationsgesellschaft in den Mittelpunkt gerückt.

Informationen, Wissen, Informationstechnik, Medien und Telekommunikationstechnik verzeichnen enorme Wachstumsraten. Diese Themen dominieren die allgemeine und wissenschaftliche Diskussion. Die bisherigen Organisationsstrukturen, Wirtschaftsmodelle und Bildungsstrukturen sind Anpassungsprozessen ausgesetzt, die für die Beteiligten Chancen und Risiken bieten.

Globalisierung und weltweite Aufgabenteilung

Das Thema Globalisierung wird unter wirtschaftlichen sozialen und politischen Aspekten auf breiter Basis diskutiert. Wie der Begriff „global" bereits beinhaltet, betrifft die Entwicklung die Weltgesellschaft, also Industrienationen, Schwellenländer und Entwicklungsländer. Der weltweite Strukturwandel beruht auf technologischen Innovationen und politischen/wirtschaftlichen Veränderungen.

Unternehmen sind nicht mehr an nationale Grenzen gebunden. Waren und Dienstleistungen werden über Ländergrenzen hinweg ausgetauscht, Produkte werden in unterschiedlichen Regionen entwickelt, konstruiert, produziert und vertrieben.

Der Weltmarkt zeichnet sich durch eine zunehmende Öffnung der nationalen Ökonomien aus. Der wirtschaftliche Aufschwung in den asiatischen Ländern, das Zusammenwachsen der europäischen Nationen, die Wandlungen des chinesischen Wirtschaftssystems sowie die

Demokratisierung und Öffnung der osteuropäischen Länder lassen ein weltweites System der offenen Marktwirtschaften entstehen.[4] Die Prozesse der Globalisierung sind irreversibel.[5]

Insbesondere Unternehmen und Arbeitnehmer bekommen die Auswirkungen der Globalisierung zu spüren, denn der Übergang von der industriellen Massenproduktion der Industriegesellschaft, zur individuellen, flexiblen Produktion in der Informations- und Dienstleistungsgesellschaft führt zu umfassenden Veränderungen. Unternehmen konkurrieren untereinander auf globaler Ebene. Nationale Abschottungsmechanismen werden aufgegeben bzw. umgangen.

Unternehmen reagieren auf diese Entwicklung, indem Einkauf, Produktion, Entwicklung und Vertrieb auf globalem Niveau abgewickelt werden. Sie entwickeln sich zu global vernetzten Einheiten mit einer weltweiten Funktions- und Aufgabenverteilung.[6] Um die Konkurrenzfähigkeit zu erhalten, ist es von entscheidender Bedeutung, in allen Funktionsbereichen die kostengünstigste und beste Lösung zu finden.[7]

Veränderung der Organisationsstrukturen

Die Organisationsmodelle der Industriegesellschaft mit stark hierarchisch gegliederten Arbeits-, Entscheidungs- und Anweisungsstrukturen, einer stark differenzierten Aufgabenteilung und formalen Stellenbeschreibungen werden durch neue Modelle der flexiblen, modular aufgebauten Organisationsstrukturen abgelöst.

Diese Entwicklung wird durch den globalen Wettbewerb, schnelleren Wandel der Umweltfaktoren, neue Wertorientierungen der Mitarbeiter und Kunden ausgelöst. Organisationen, die diesen Wandel nicht vollziehen, haben Schwierigkeiten, sich im Wettbewerb zu behaupten.

Die neuen Organisationsformen erfordern mehr Informationen und Kommunikation für den Einzelnen sowie für die Gesamtorganisation. Gruppen und Teamarbeit sowie die Verlagerung der Verantwortlichkeit auf den einzelnen Mitarbeiter können nur durch Strukturen der Organisation realisiert werden, die neue Informations- und Kommunikationsmöglichkeiten wie das Intranet nutzen.

Auswirkungen auf das Individuum

Neue Organisationsstrukturen und Informationssysteme bieten einerseits neue Möglichkeiten für den Einzelnen, andererseits stellen sie neue Anforderungen an das Individuum. Der Mensch muß sich an die neuen Strukturen anpassen, kann aber auch von neuen Möglichkeiten profitieren.

---

[4] Vgl. Einemann (1997), Seite 5.

[5] Vgl. Altvater und Mahnkopf (1997), Seite 589.

[6] Vgl. Einemann, (1997) Seite 6.

[7] Vgl. Miller (1996), Seite 6.

Neue technische Systeme wie das Intranet erfordern von den Mitarbeitern zunächst eine Einarbeitung in die neuen Technologien. Darüber hinaus müssen aber insbesondere soziale Kompetenzen wie Teamfähigkeit und Kommunikationsfähigkeit aufgebaut werden. Lernfähigkeit, umfassendes Wissen und ständige Weiterbildung sind Anforderungen, die ein Individuum innerhalb moderner Organisationsstrukturen und im Umgang mit Informations- und Kommunikationssystemen wie dem Intranet benötigt.

Die neuen Organisationsstrukturen stellen an die Mitarbeiter aber nicht nur neue Anforderungen, sie erhalten die Möglichkeit zur Umsetzung eigener Lebenskonzepte. In den Industrieländern haben die Menschen neue Ansprüche und Erwartungen an ihre Arbeit, die nicht mehr nur als Mittel zum Erwerb des Lebensunterhalts angesehen wird, sondern die Teil der Selbstverwirklichung der Individuen ist. Berufs- und Privatleben sollen miteinander verbunden sein, selbständiges Handeln und Entscheiden sollen möglich sein.[8] Die Arbeit ist Teil der persönlichen Entfaltung eines Menschen. Organisationen müssen auf diese veränderten Wertorientierungen reagieren, indem entsprechende Organisationsstrukturen aufgebaut werden. Neue Informations- und Kommunikationssysteme bieten hierfür die Grundlage, indem bspw. durch Telearbeit eine Verlagerung des Berufslebens ins private Umfeld ermöglicht oder durch verbesserte Kommunikation die Team- und Gruppenarbeit verstärkt genutzt wird.

Informationstechnik in Organisationen

All diese Faktoren rücken die Informations- und Kommunikationssysteme der Organisationen in den Mittelpunkt der Diskussion. Sie bilden die zentrale technische Infrastruktur, auf deren Basis die Prozesse der Organisationen ablaufen. Die Entwicklung des Intranets ist vor dem Hintergrund dieser gesellschaftlichen Prozesse zu untersuchen.

3.2 Definition

Die meisten Definitionen des Terminus Intranet beziehen sich auf die technischen Eigenschaften des Intranets, worauf sich Erläuterungen zu den einzelnen technischen Komponenten anschließen.[9] Die Einflüsse des Intranets auf Organisationen werden nur in wenigen Werken beschrieben, dabei stehen allerdings konkrete Probleme der Implementierung im Mittelpunkt.[10] Darüber hinaus werden die Einsatzbereiche des Intranets bzw. konkrete Fallbeispiele erläutert. Folgt man diesen Definitionen ist das Intranet nur ein weiteres technisches System, das in den Organisationen eingeführt wird, um technische Probleme zu lösen oder organisationale Teilaufgaben zu erfüllen. Die schnelle und umfassende Ausbreitung von Intranets in Organisationen (vgl. Kapitel 3.3) läßt sich so allerdings nicht erklären. Die Auswirkungen der erweiterten Informations- und Kommunikationsfunktionen des Intranets auf Struktur und Austauschbeziehungen in

---

[8] Vgl. Picot, Reichwald und Wiegand (1996), Seite 366.

[9] Vgl. Coleman und Dyson (1997), Hills (1997), Hinrichs (1996), Kyas (1997), Schätzler und Eilingsfeld (1997).

[10] Vgl. Guengerich u.a. (1997).

Organisationen und insbesondere die Entstehung neuer Organisationsformen werden in den Definitionen nicht berücksichtigt. Eine Definition unter den genannten Aspekten soll hier erfolgen:

Ein Intranet ist ein organisationsinternes, informationstechnisches Netzwerk, das auf Internet-Techniken aufbaut und ein Informations- und Kommunikationssystem für die gesamte Organisation darstellt. Durch die charakteristischen Eigenschaften des Intranets - wie Flexibilität, umfassende Verfügbarkeit, einfache Bedienbarkeit, offene Informations- und Kommunikationsformen - werden Organisationsstrukturen und Organisationskultur sowie Informations- und Kommunikationsverhalten der Mitglieder von Organisationen beeinflußt.

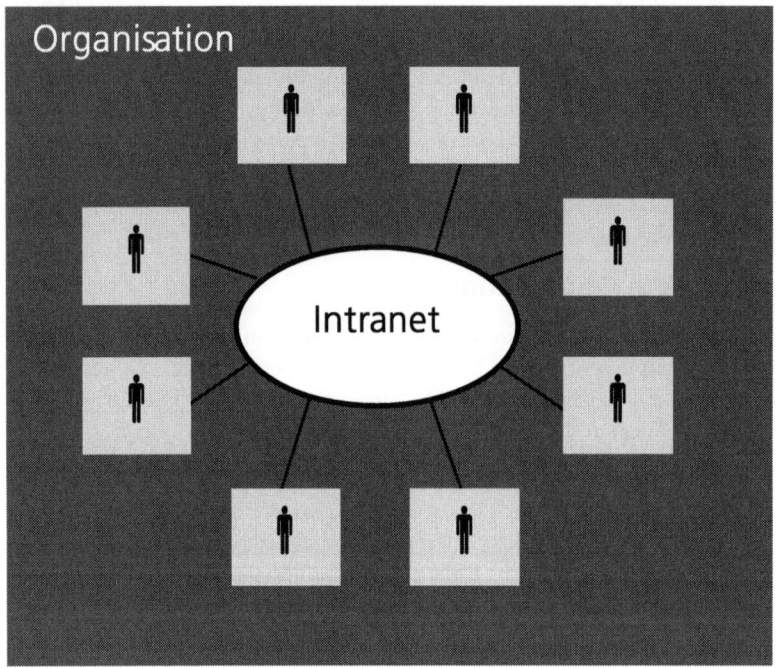

Diagramm 1: Das Intranet als Medium für die Austauschprozesse in Organisationen

Der Begriff Intranet wurde vermutlich 1994 zum ersten Mal in einer Kolumne von William Safire in der New York Times verwendet. In diesem Artikel wurde das Intranet als eine Technologie des neuen Informationszeitalters vorgestellt, die das Leben in Zukunft beeinflussen kann.[11] Der Einsatz von Internet-Technologien für den organisationsinternen Austausch von Informationen geht aber bereits auf die Entstehung des WWW zurück. Am Schweizer Kernforschungsinstitut CERN stand Ende der 80er Anfang der 90er Jahre bei der

---

[11] Vgl. Guengerich u.a. (1996), Seite 1.

Entwicklung von HTML zunächst der institutsinterne Informationsaustausch im Vordergrund, bevor das WWW seinen Siegeszug im Internet antrat.[12]

In Intranets werden die gleichen Technologien wie im Internet verwendet, beispielsweise die gleichen Netzwerk- und Kommunikationsstandards sowie die gleiche Hard- und Software. Der Unterschied ist, daß das Internet einen offenen, weltweiten Zugang bietet, wohingegen ein Intranet von einer geschlossenen, relativ genau definierten Gemeinschaft oder Gruppe genutzt wird. Im Bereich der organisationsinternen Informations- und Kommunikationssysteme ist dies ein neuer Ansatz, der auf offenen Strukturen und Technologien beruht.

Aus technischer Perspektive ist ein Intranet ein internes Netzwerk einer Organisation in dem Internet-Standards wie HTML, HTTP, und das TCP/IP-Kommunikationsprotokoll zusammen mit einem Browser eingesetzt werden, um den Benutzern Anwendungen und Kommunikationslösungen zur Verfügung zu stellen. Zentrum des Intranets ist ein Web-Server, der an das Unternehmensnetzwerk angeschlossen ist und den Client-Rechnern[13] Dienste und Dokumente zur Verfügung stellt.[14]

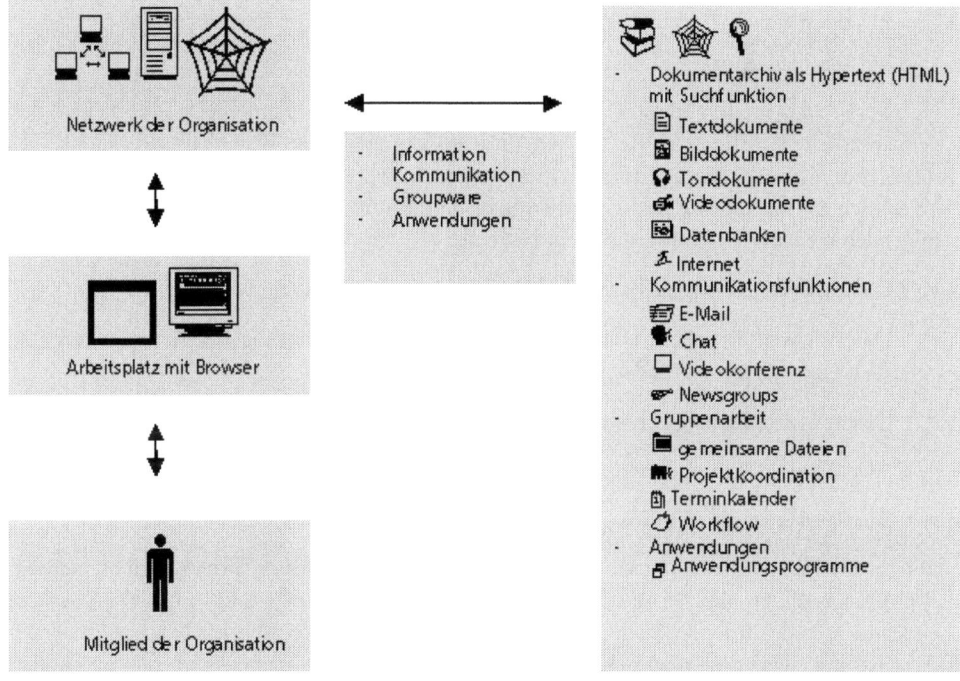

Diagramm 2: Funktionaler Aufbau des Intranets

---

[12] Vgl. Coleman und Dyson (1997), Seite 9.

[13] Siehe auch „Client" im Glossar Seite 125.

[14] Vgl. Dyson (1996), Seite 6.

Bullinger et al. stellt folgende Gründe vor, die für den Aufbau eines Intranets in Unternehmen ausschlaggebend sind. Die Argumente werden dabei auf Organisationen allgemein übertragen:[15]

- Ein Intranet ist eine universelle Kommunikationsplattform.

- Ein Intranet schafft einen gemeinsamen, stets aktuellen Informationspool.

- Ein Intranet verbessert und beschleunigt den Informationsfluß.

- Ein Intranet bietet eine benutzerfreundliche, plattformübergreifende Oberfläche.

- Ein Intranet schafft ein einheitliches, standardisiertes Netzwerk.

- Ein Intranet ermöglicht eine schnelle und kostengünstige Einführung von neuen Anwendungen und Updates im Netzwerk.

- Ein Intranet fördert die Identifikation der Mitarbeiter mit der Organisation.

- Ein Intranet demokratisiert das Wissen und schafft Kompetenzen.

- Ein Intranet reduziert die Kosten und steigert die Produktivität.

Netzwerke sind in den meisten Unternehmen seit Jahren implementiert. Sie dienen der gemeinsamen Nutzung von Ressourcen und der gemeinsamen Datenhaltung. Parallel zu dieser Entwicklung wurde das Internet zu einem wichtigen Medium für Wirtschaft, Wissenschaft, Verwaltung und Privatpersonen. Die Einführung des Intranets wird also von folgenden technischen Umweltfaktoren begleitet:

- Computernetzwerke auf Basis von PCs sind in den Organisationen alltäglich.

- Das Netzwerkprotokoll TCP/IP[16] ist aufgrund der Ausbreitung des Internets auf fast allen eingesetzten Plattformen verfügbar.

- Offene Standards wie HTML[17] und HTTP[18] sind allgemein verbreitet.

- Web-Browser können plattformübergreifend eingesetzt werden.

- Web-Server sind preisgünstig verfügbar und besitzen eine hohe Leistungsfähigkeit.

Durch die Standardisierung auf TCP/IP- und andere Internet-Technologien, werden Probleme beseitigt, die bei der Verbindung von alten Systemen und neuen Netzwerken entstanden sind. Andere Systeme waren auf bestimmte Benutzergruppen begrenzt, teuer in Anschaffung, Wartung und Schulung und daher für einen allgemeinen Einsatz in der

---

[15] Vgl. Bullinger, Dormeier und Renner (1997), Seite 10.

[16] Siehe „Transmission Control Protocol/Internet Protocol (TCP/IP)" im Glossar Seite 131.

[17] Siehe „Hypertext Markup Language (HTML)" im Glossar Seite 128.

[18] Siehe „Hypertext Transfer Protocol (HTTP)" im Glossar Seite 128.

Organisation ungeeignet. Durch die fehlende Standardisierung konnten Daten nicht allgemein genutzt werden oder mußten aufwendig konvertiert werden.

Die Speicherung von Dokumenten in elektronischer Form in Netzwerken ist in den meisten Organisationen an der Tagesordnung. Das Ablegen und Wiederfinden der Informationen ist jedoch kompliziert und oft nur den unmittelbar betroffenen Individuen vorbehalten. Dokumente werden in den unterschiedlichsten Formaten und an den unterschiedlichsten Stellen abgespeichert. Das Intranet führt zu einer Standardisierung sowie zu größerer Offenheit bei Archivierung und Retrieval von Informationen.

Intranets versprechen eine Aufhebung der Blockade des Informations- und Kommunikationsflusses in Organisationen, die durch die bestehenden Technologien und Kommunikationswege verursacht werden. Technisch besteht zwischen dem Internet und Intranets kaum ein Unterschied, die Differenzen finden sich in Konzeption, Anwendung, Zielgruppe und den betroffenen gesellschaftlichen Systemen. Organisationen profitieren in erster Linie von den neuen Formen der Kommunikation und verbesserten Organisations-abläufen:[19]

> *The most impressive contribution an intranet will make to your organization is its communication and collaboration benefits.*

Dabei sind Intranets nicht völlig gegen Außenstehende abgeschirmt, denn ein Erfolgsfaktor der Intranets ist die Einbindung von externen Organisationseinheiten und Teilgruppen anderer Organisationen in die Struktur der unternehmensinternen Kommunikation, beispielsweise Außendienst, Telearbeiter, Zulieferer und Techniker. Außerdem haben die Mitglieder einer Organisation über das Intranet häufig Zugang zum Internet, um auf globale Informationen zugreifen zu können. Die Struktur des Intranets wird durch die Bedürfnisse und Anforderungen der Organisation bestimmt, in der es implementiert ist.

Intranets bieten eine Verbindung zu außenstehenden Systemen, um beispielsweise externen Benutzern den Zugriff zu gewähren oder um internen Mitarbeitern die Nutzung des Internets zu ermöglichen. Die einfache Technologie mit Browsern, standardisierten Protokollen[20], HTML usw. erweitern die Basis der Personen, die Inhalte erstellen, Informationsangebote produzieren und Web-Server verwalten. Einzelpersonen, Projekt-teams und Verwaltungen unterhalten Server und Web-Sites[21], um die internen Informations- und Kommunikationsanforderungen zu erfüllen. Die Mitglieder können dieses preiswerte und vor allem leicht zu handhabende System nutzen, um mit Hilfe von Arbeitsplatzrechnern und dem TCP/IP-Netzwerk Informationen bereitzustellen und abzurufen sowie zu kommunizieren. Das organisationsinterne Wissen wird über das Intranet den verschiedenen Einheiten der Organisation zeitgleich und umfassend zur Verfügung gestellt.

---

[19] Hinrichs (1996), Seite 12.

[20] Siehe auch „Protokoll" im Glossar Seite 130.

[21] Siehe auch „Web-Server" im Glossar Seite 131.

3.3 Verbreitung von Intranets in Organisationen

Zur Bewertung der Bedeutung des Intranets für Organisationen, die Mitglieder und die Gesellschaft im allgemeinen werden nun einige empirische Daten aufgeführt, auf deren Basis Aussagen über Verbreitung, Akzeptanz und einige spezifische Aspekte des Intranets getroffen werden können. Die aufgeführten empirischen Daten zeigen den Wandel zur Informationsgesellschaft, die umfassende Verbreitung des Internets und der zugehörigen Technologien sowie die Entwicklung im Bereich Intranet. Die Zahlen stammen aus unterschiedlichen Quellen und beziehen sich auf bestimmte Bereiche der Intranet-Entwicklung. Langfristige Analysen fehlen aufgrund der kurzfristigen Entwicklung der Thematik.

Die zunehmende Bedeutung von Informationen in Wirtschaft und Gesellschaft wird durch die Zahl der Beschäftigten in den einzelnen Bereichen deutlich. Information wird in den offiziellen Statistiken als Wirtschaftsbereich bereits neben den traditionellen Bereichen Landwirtschaft, Dienstleistung und Produktion genannt. Der Bereich Information gewinnt auf Kosten der anderen Bereiche und die Entwicklung wird sich laut Prognose diverser Institute weiter fortsetzen.

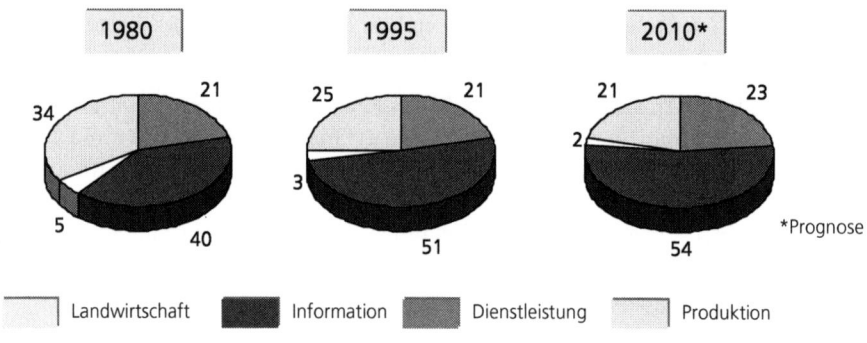

Diagramm 3: Entwicklung der Anzahl der Erwerbstätigen in den Sektoren Dienstleistung, Information, Landwirtschaft und Produktion in Deutschland[22]

Die allgemeine Verbreitung und Akzeptanz der Internet-Technologien im öffentlichen und privaten Bereich hat den Erfolg des Intranets geebnet. Sehr viele Mitglieder von Organisationen sind bereits durch die Nutzung des Internets im privaten Bereich mit den, dem Intranet zugrundeliegenden Technologien und Konzepten der Informationsverarbeitung und Kommunikation, vertraut. Die Studie „World Online Markets" von Jupiter Communications[23] hat ermittelt, daß weltweit 23,4 Million Haushalte über einen Online-Anschluß verfügen. Für das Jahr 2000 wird die Zahl der angeschlossenen

---

[22] Quelle: Prognos, IAB, Statistisches Bundesamt, Institut der deutschen Wirtschaft

[23] Jupiter Communications ist ein in New York ansässiges Forschungs-, Beratungs- und Verlagsunternehmen, das vor allem im Bereich interaktive Online-Technologien aktiv ist. http://www.jup.com

Haushalte auf 66,6 Millionen prognostiziert. In den USA ist das Internet bereits ein Massenphänomen, die weitere Ausweitung der PCs und Anschlüsse in den Haushalten anderer Industrienationen in Europa und Asien wird für das weitere Wachstum hauptsächlich verantwortlich sein.

Vor allem Unternehmen stellen ihre Systeme zur Informationsrecherche und Kommunikation auf Internet-Technologien um. Eine Umfrage der American Management Association[24] hat ergeben, daß 1997 bereits in 6 Prozent der Unternehmen das Internet intensiv genutzt wird. In zwei Jahren soll diese Zahl auf 38 Prozent steigen. Die Unternehmen, die das Internet heute einsetzen, nutzen es vor allem für den Austausch von Informationen per E-Mail (57 Prozent) und für das Information Retrieval (53 Prozent).

42 Prozent der amerikanischen Großunternehmen haben bereits ein Intranet eingerichtet oder sich für die Einrichtung entschieden. Nur noch 34 Prozent hatten sich 1996 explizit gegen ein Intranet entschieden. Intranets sind also zumindest in den USA ein zentraler Bestandteil der informationstechnischen Strategien dieser Unternehmen.

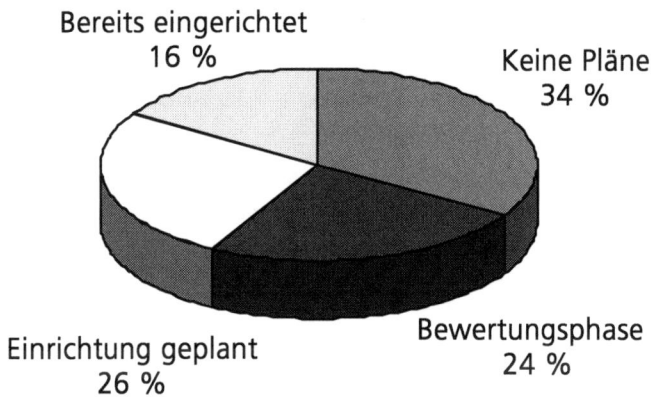

Diagramm 4: Intranet-Pläne amerikanischer Großunternehmen[25]

Die Entwicklung in Deutschland verläuft in eine ähnliche Richtung. Eine Studie der Computerwoche ermittelte 1996 die in Diagramm 5 dargestellten Entwicklungspläne in den Unternehmen.

---

[24] American Management Association ist eine amerikanische Mitgliederorganisation zu Managementfragen. http://www.amanet.org

[25] Vgl. Guengerich u.a. (1996), Seite 3, n = 2000 Unternehmen.

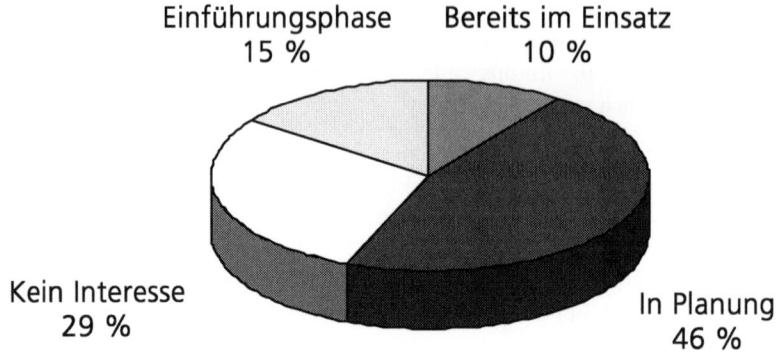

Einführungsphase
15 %

Bereits im Einsatz
10 %

Kein Interesse
29 %

In Planung
46 %

Diagramm 5: Intranet-Entwicklung in deutschen Unternehmen[26]

Großunternehmen haben bei der Entwicklung in Deutschland eine Vorreiterrolle, denn 80 Prozent dieser Unternehmen wollen bzw. haben bereits Intranets eingerichtet. Insbesondere Unternehmen mit zahlreichen Standorten entscheiden sich für das Intranet. Der Großteil der geplanten Intranets wird 1997 implementiert (55 Prozent), 18 Prozent der Intranets werden 1998 umgesetzt.[27]

Bei den Anwendungen stehen Kommunikationsfunktionen und die Bereitstellung von Informationen im Vordergrund. Die Studie der Computerwoche kommt in der Befragung bei deutschen Unternehmen zu den in Diagramm 6 dargestellten prozentualen Werten für die eingerichteten bzw. geplanten Anwendungszwecke.

---

[26] Vgl. Computerwoche (1997), Seite 24-25, n = 443 Unternehmen.

[27] ebenda

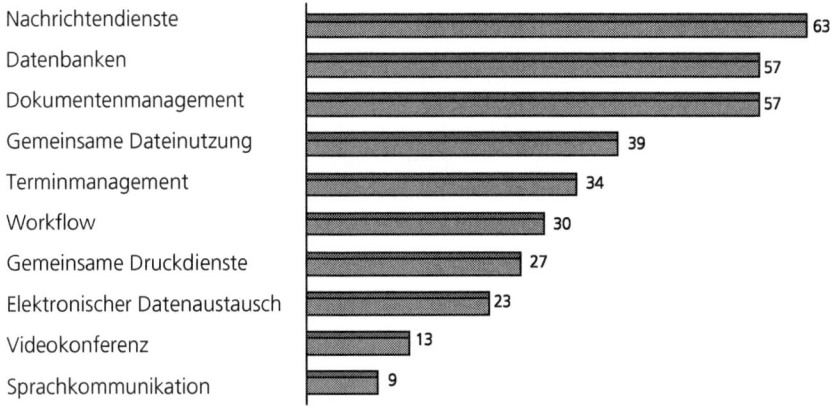

Nachrichtendienste	63
Datenbanken	57
Dokumentenmanagement	57
Gemeinsame Dateinutzung	39
Terminmanagement	34
Workflow	30
Gemeinsame Druckdienste	27
Elektronischer Datenaustausch	23
Videokonferenz	13
Sprachkommunikation	9

Diagramm 6: Intranet Anwendungen in deutschen Unternehmen[28]

Internet- und Intranet-Technologien sind für die Unternehmen, die im Bereich Informationstechnologie engagiert sind, eine wichtige Einflußgröße, die sich in den aktuellen und prognostizierten Umsätzen ausdrücken. Der Markt für Internet- und Intranet-Technologien verzeichnet unter allen Bereichen der Informationstechnologie die größten Wachstumsraten. Eine Studie der International Data Corporation[29] hat ermittelt, daß im Jahr 1996 19 Mrd. US Dollar für Internet- und Intranet-Produkte ausgegeben wurden, die Gesamtumsätze im Bereich Informationstechnologie betrugen 610 Mrd. US Dollar. IDC prognostiziert, daß die Ausgaben für Internet/Intranet-Technologien fünfmal schneller wachsen als andere Bereiche. Diese Technologien werden den PC als wichtigsten Wachstumsbereich ablösen, die Umsätze werden auf 92 Mrd. US Dollar im Jahr 2000 ansteigen. Hinter der Ausweitung der Nutzung der Internet- und Intranet-Technologien stehen daher bedeutende wirtschaftliche Interessen der Unternehmen aus dem Bereich Informationstechnologie. Die Investitionen dieser Unternehmen in Entwicklung und Marketing werden die Intranet-Entwicklung fördern.

Die bedeutendsten Unternehmen im Bereich Softwaretechnologien sind Netscape mit einem Marktanteil im Jahr 1996 von 11 Prozent, gefolgt von Microsoft (8 Prozent), Novell (ebenfalls 8 Prozent) und IBM/Lotus (7 Prozent). Diese Unternehmen engagieren sich sehr stark im Bereich Intranet und entwickeln Strategien zur Anpassung ihrer Produkte an die neuen Anforderungen. Beispielsweise wird Software, die in den informationstechnischen Systemen vieler Organisationen bereits eingesetzt wird, um Internet-Standards erweitert, bspw. das Büroanwendungspaket Office 97 von Microsoft und das Groupware-Produkt Lotus Notes. Novell benennt das am weitesten verbreitete Betriebssystem für Client/Server-

---

[28] Vgl. Computerwoche (1997), Seite 28, n= 288 Unternehmen.

[29] International Data Corporation (IDC) ist eines der führenden Marktforschungs- und Beratungsunternehmen im Bereich Informationstechnologie mit Niederlassungen in mehr als 40 Ländern. http://www.idcresearch.com

Netzwerke[30] von „NetWare" in „IntranetWare" um und erweitert es um Internet- und Intranet-Funktionen. Die Intranet-Entwicklung ist von den maßgebenden Hard- und Softwareherstellern aufgegriffen worden. Internet- und Intranet-Technologien sind die primären strategischen Geschäftsfelder der Unternehmen der IT-Industrie.[31]

Bereits heute werden mehr Server für Intranet- als für Internet-Anwendungen eingesetzt. Das amerikanische Software-Unternehmen Netscape Corp. erzielt mehr als 80 Prozent des Umsatzes mit Intranet-Anwendungen. Auch Microsoft berichtet, daß 80 Prozent der verkauften Server in Intranets eingesetzt werden.[32] Die Marktentwicklung von Intranets bietet ein großes Wachstumspotential. Das amerikanische Marktforschungsunternehmen Zona Research[33] prognostiziert in einer Studie aus dem Jahr 1996, daß 1998 die Umsätze beim Verkauf von Web-Servern für Intranets viermal höher sein werden, als für das Internet. Vom wirtschaftlichen Standpunkt aus, sind Intranets also für die Anbieter der entsprechenden Technologien interessanter als die Entwicklung im Bereich des Internets.

Die Analysten des Beratungsunternehmens Inteco[34] prognostizierten in ihrem 1996 veröffentlichten *INTECO Industry Insight Index*, daß die Verbreitung und Akzeptanz des Intranets genauso tiefgreifend sein wird, wie die des Internets. Die Entwicklung der Intranets setzt zuerst in den Organisationen, Branchen und Abteilungen ein, die stark von den neuen Konzepten profitieren. Unternehmen aus den Bereichen der Netzwerk-, Hardware- und Softwaretechnologie haben aus mehreren Gründen die ersten Systeme installiert. Diese Unternehmen wollen an der Einrichtung von Intranets in anderen Unternehmen, Behörden usw. verdienen, da sie die notwendige Technik produzieren, implementieren und verkaufen. Hierfür ist es notwendig, die Funktionsfähigkeit eines derartigen Systems zu demonstrieren. Darüber hinaus stehen die Mitarbeiter dieser Unternehmen den modernen Informations- und Kommunikationstechnologien aufgeschlossen gegenüber. Die Nutzung von Informationstechnologien wie PCs, Netzwerken, E-Mail und dem Internet ist diesen Mitarbeitern durch den Bezug zur Branche vertraut. Abteilungen, die intensive Kommunikationsstrukturen aufweisen und einen erhöhten Informationsbedarf haben, wie beispielsweise das Marketing, die Abteilungen für Öffentlichkeitsarbeit, der Außendienst usw., nutzen die Intranet-Technologie als erste.

Im Dienstleistungssektor ist die Implementierung von Intranets ebenfalls weit vorangeschritten. In einer Befragung, die das amerikanische Beratungsunternehmen Louis Harris

---

[30] Siehe auch „Client/Server-Architektur" im Glossar Seite 126.

[31] Vgl. Guengerich u.a. (1996), Seite 15.

[32] Vgl. Dyson (1996), Seite 9.

[33] Das Beratungsunternehmen Zona Research veröffentlicht Marktanalysen und Berichte vor allem aus dem Bereich der Internet-Industrie. http://www.zonaresearch.com.

[34] Das Beratungs- und Marktforschungsunternehmen Inteco ist auf die Bereiche Informationstechnologie und Medien spezialisiert. Im INTECO Industry Insight Index kommentieren die Analysten die neuesten Trends in den genannten Bereichen. http://www.inteco.com

im Auftrag von American Express Ende 1996 durchgeführt hat, bestätigten 61 Prozent von 334 befragten Verantwortlichen in Finanzdienstleistungsunternehmen, daß in ihrem Unternehmen ein Intranet eingerichtet ist bzw. sich das Unternehmen in der Implementierungsphase befindet. E-Mail, gemeinsame Nutzung von Dokumenten und interne Kommunikation sind für die Befragten die entscheidenden Anwendungsbereiche. Intranet-Technologien und –Konzepte werden also auch in den Beratungs- und Dienstleistungsorganisationen angewandt, in denen es aufgrund der besonderen Anforderungen der Branche auf hohe Sicherheitsstandards ankommt. Die offenen Strukturen eines Intranets lassen sich offensichtlich auch in Organisationen wie Banken und Finanzbehörden anwenden, in denen Datenbestände und Kommunikationsinhalte strengen Sicherheitsanforderungen unterliegen.

Innovative Unternehmen implementieren neue Technologien als erste, da sie sich strategische Vorteile durch die neuen Verfahren erhoffen. Für diese Organisationen stehen nicht Kosten/Nutzen-Aspekte im Vordergrund, sondern die Verbesserung der Funktionen zur Zielerreichung. Sie profitieren in besonderem Maße von den Funktionen des Intranets, beispielsweise den globalen Vernetzungsmöglichkeiten, der Plattformunabhängigkeit oder der einfachen Handhabung. Zu den innovativen Organisationen, die früh neue Technologien übernehmen, zählen vor allem die, die starken Wandlungstendenzen durch Einfluß von außen ausgesetzt sind (Wettbewerb, Kommunikation, gesellschaftlicher Wandel etc.)[35]

Der Einsatz des Intranets in den Organisationen bleibt nicht auf einzelne Einsatzbereiche beschränkt. Ein Großteil der Mitglieder der Organisationen erhält Zugriff auf die Informationen im Intranet. Eine Untersuchung der Delphi Consulting Group[36] hat ergeben, daß in den untersuchten Organisationen 75 Prozent der Desktops an das Intranet angeschlossen waren. Es wird prognostiziert, daß die Anbindungsquote in den folgenden drei Jahren auf 82 Prozent ansteigt. Über die Zugriffsmöglichkeiten von Organisationsmitgliedern, deren Arbeitsplatz nicht mit Desktops ausgestattet sind, wird an dieser Stelle nichts berichtet. Die Integration dieser Organisationsmitglieder ist allerdings ein entscheidender Faktor, um die Einbindung der Gesamtorganisation in das Informationssystem zu gewährleisten.

Der Kostenfaktor eines Intranets spielt nach einer Untersuchung von Computer Intelligence[37] zumindest für Unternehmen nur eine untergeordnete Rolle. Bei Auswahl der Technologien ist für 97 Prozent der Unternehmen die Qualität der entscheidende Faktor, den Kosten wird von den vorgegebenen Kriterien die geringste Bedeutung beigemessen.

---

[35] Vgl. Guengerich u.a. (1996), Seite 28-30.

[36] Delphi Consulting Group, Inc. ist ein unabhängiger Anbieter von Seminaren, Marktforschungsdienstleistungen und Beratungen in den Bereichen Dokumentenmanagement, Intranet, Workflow und Reengineering von Unternehmensabläufen. http://www.delphigroup.com

[37] Computer Intelligence InfoCorp (CI) vermittelt Informationen zu Entwicklungen in der Computer- und Kommunkationsbranche, zu Produkten und zum Verhalten der Konsumenten. http://www.compint.com

Dies bedeutet, daß die Unternehmen sich durch den Einsatz eines Intranets andere Vorteile erhoffen, die über die einfache Kosteneinsparung hinausgehen. Die Vorteile eines Intranets sind für 34 Prozent der Unternehmen so entscheidend, daß sie die entsprechenden Technologien implementieren, bevor sich Standards durchgesetzt haben. 55 Prozent der in der Untersuchung berücksichtigten Unternehmen, die bereits ein Intranet implementiert hatten, führen keine Wirtschaftlichkeitsberechnung durch. Für diese Unternehmen stehen die strategischen Aspekte eines Intranets im Vordergrund.

Die meisten Organisationen, die eine Kosten/Nutzen-Berechnung durchführen, kommen zu einem positiven Ergebnis. Eine Studie von Meta Group Inc, die von IBM, Microsoft und Novell finanziert wurde, hat ermittelt, daß in 80 Prozent der Organisationen die Kosten/Nutzen-Analyse positiv ausfällt. Die finanziellen Investitionen führten zu einem um 38 Prozent gesteigerten Rückfluß der Investitionen. Die Investitionen rentieren sich insbesondere bei anspruchsvolleren Intranet-Funktionen. Der Einsatz von Intranet-Applikationen und das Einbeziehen von Support-Diensten führt unter dem Aspekt Rentabilität zu besseren Ergebnissen als die einfache Bereitstellung von Informationen im Intranet.

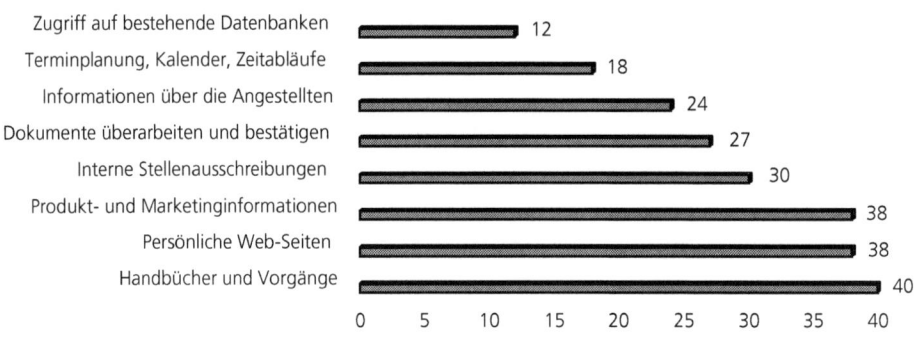

Diagramm 7: Einsatzbereiche des Intranets in Unternehmen in Prozent[38]

Beim Einsatz des Intranets steht die Informationsbereitstellung noch im Vordergrund. Die Publikation von Handbüchern und Vorgängen, persönlichen Web-Seiten sowie von Produkt- und Marketinginformationen führt die Liste der Einsatzbereiche mit an. Technisch und organisatorisch anspruchsvollere Anwendungen wie der Zugriff auf Daten-

---

[38] Quelle: Zona Research, www.zonaresearch.com

banken und Groupware[39]-Funktionen haben zur Zeit noch eine geringere Bedeutung (siehe Diagramm 7).

Unternehmen implementieren die Intranet-Technologie aus wirtschaftlichen Gründen. Einsparungspotentiale sowie Kosten für die Einrichtung, Verwaltung und Schulung sind wirtschaftliche Faktoren, die die Entwicklung im Bereich Intranet beeinflussen.

Im Rahmen der Studie „Intranet Deployment Study" hat das amerikanische Software-unternehmen Netscape[40] eine Befragung bei Unternehmen durchgeführt, die bereits Intranets eingerichtet haben. Die Daten sind aufgrund der geringen Grundgesamtheit von 14 Unternehmen nicht repräsentativ. Sie vermitteln aber einen Eindruck von der alltäglichen Nutzung eines Intranets. Die Ergebnisse wurden mit Hilfe von Auswahlfragen ermittelt:

In mehr als 50 Prozent der untersuchen Organisationen waren 1000-4000 Personen an das Intranet angeschlossen. Das Intranet wurde in den meisten Fällen ein bis zwei Stunden pro Tag aktiv genutzt (E-Mail, Browsing[41], Transaktionen, Newsgroups[42]). Die Mehrzahl hat mehr E-Mails erhalten als verschickt. 43 Prozent der Anwender erhielten 5 bis 30 E-Mails pro Tag, 21 Prozent erhielten mehr als 50 E-Mails pro Tag. Die Befragten gaben an, nicht mehr als 30 E-Mails am Tag zu verschicken. In 28 Prozent der Unternehmen kamen 4 bis 10 Server zum Einsatz, 42 Prozent der Unternehmen hatten 20 bis 100 Server. Die installierten Intranets waren somit recht komplex, da die zur Verfügung gestellten Dienste und Funktionen über eine derart große Anzahl an Systemen realisiert wurden.

Das Beratungsunternehmen KPMG und Netscape haben für eine Studie ein Modell für beispielhafte Intranet-Nutzer entwickelt. Der Benutzer des Profils 1 zeigt ein aktives Nutzungsverhalten, der Benutzer des Profiltyps 2 weist eine durchschnittliche Nutzungs-aktivität auf, der Benutzer des Profils 3 ist ein moderater Nutzer des Intranets. In der folgenden Tabelle wird verdeutlicht, mit welcher Intensität die simulierten Benutzer die Elemente eines Intranets pro Tag nutzen würden.[43]

---

[39] Siehe auch „Groupware" im Glossar Seite 127.

[40] Netscape Cop. und KPMG: „Intranet Deployment Study" http://www.netscape.com

[41] Siehe auch „Browsing" im Glossar Seite 125.

[42] Siehe auch „Newsgroup" im Glossar Seite 129.

[43] http://www.netscape.com

Charakteristik	Profil 1	Profil 2	Profil 3
Intranet-Web-Zugriffe	129	64	43
Angeforderte Intranet-HTML-Seiten	50	25	17
Durchschnittliche Anzahl der Hits[44] pro HTML-Seite	2,6	2,6	2,6
Durchschnittliche Größe der HTML-Seiten, inklusive Grafiken in KByte	13,1	13,1	13,1
Durchschnittliche Menge an KByte pro Hit	5	5	5
Menge an HTML-Inhalten in KByte	655	327	223
Ausgeführte Volltextsuchen	4	2	1,3
E-Mail-Nachrichten insgesamt (verschickt und erhalten)	66	33	22
Durchschnittliche Größe von E-Mail-Nachrichten in Kbyte	20	20	20
Datendurchsatz an E-Mail-Nachrichten in KByte pro Nutzer	1320	660	440
Newsgroup-Nachrichten insgesamt (gelesen und geschrieben)	43	21	14

Tabelle 1: Anwendungsverhalten simulierter Benutzerprofile eines Intranets nach KPMG/-Netscape.

Die statistischen Daten belegen, daß die Mehrheit der Organisationen Intranets eingerichtet hat bzw. die Implementierung plant. Intranets sind somit keine technische Randerscheinung, sondern ein zentraler Bestandteil der informationstechnischen Infrastruktur von Unternehmen, Behörden usw. Arbeitnehmer werden zunehmend bei ihren täglichen Funktionen und Aufgaben mit den Informations- und Kommunikationsmöglichkeiten des Intranets konfrontiert. Die Intensität des Intranet-Einsatzes ist dabei stark von der Art der Organisation abhängig. Im Dienstleistungsbereich ist der Einfluß des Intranets intensiver als in produktionsorientierten Unternehmen. In Bezug auf die Anwendungsbereiche werden zunächst Funktionen dominieren, die technisch und organisatorisch einfach zu realisieren sind, beispielsweise die Kommunikation per E-Mail oder die Veröffentlichung von Informationen per HTML. Komplexere Groupware- und Workflow-Anwendungen folgen in späteren Entwicklungsstufen des Intranets.

Die Kosten/Nutzen-Vorteile sind analysiert und publiziert, so daß nicht nur die Organisationen Intranets realisieren, die als innovativ gelten, sondern auch die Organisationen, die in Bezug auf neue Technologien die breite Masse ausmachen. Kosteneinsparung sind dabei nicht der alleinige Grund für die Entscheidung zur Einrichtung eines

---

[44] Siehe auch „Hit" im Glossar Seite 127.

26

Intranets. Ausschlaggebend sind die Optimierung der Arbeitsabläufe, schnellere und verbesserte Information und Kommunikation sowie die Unterstützung flexibler Organisationsstrukturen.

3.4 Merkmale von Intranet-Systemen

Einzelne Funktionen eines Intranets sind in aktuellen informationstechnischen Systemen bereits realisiert oder werden mit Hilfe von nicht-informationstechnischen Systemen umgesetzt. Das Intranet integriert zahlreiche Funktionen, wodurch eine neue Qualität der informationstechnisch unterstützten Ablaufprozesse in Organisationen erreicht wird. Neben der Integration sind die umfassende Verfügbarkeit, die gruppenspezifischen Funktionen und die Anwendungsfreundlichkeit des Intranets Gründe für die in Kapitel 3.3 dargestellte schnelle Verbreitung derartiger Systeme in Organisationen.

Reichwald/Picot sahen schon bei der Diskussion neuartiger technischer Systeme der Bürokommunikation auf Basis des Fax die Vorteile multifunktionaler Systeme voraus:[45]

Es zeigt sich bereits auf der isolierten Betrachtungsebene, daß der erhebliche Vorteil der neuen Systeme in ihrer großen Übertragungsgeschwindigkeit, in der Möglichkeit zur Rückkopplung und in der Möglichkeit einer Integration mit nachgelagerten Informationstätigkeiten liegt. Diese Vorteile werden sich mit zukünftigen multifunktionalen Systemen noch steigern. Zugleich wird sich die Nutzungsbequemlichkeit erhöhen sowie die Erreichbarkeit von Geschäftspartnern aufgrund besserer Vernetzungsbedingungen steigern.

Übersichtsweise lassen sich folgende Merkmale des Intranets darstellen: schnelle, einfache und kostengünstige Einrichtung, einfache Bedienbarkeit, schneller Zugriff auf Informationen, offene Standards, Plattformunabhängigkeit, Flexibilität, Sicherheit, Multimediafähigkeit, verbesserte Informations- und Kommunikationsfunktionen. Daneben ergeben sich aus den einzelnen Punkten auch Risiken wie mögliche chaotische Strukturen, Sicherheitsrisiken, Informationsüberflutung, Produktivitätsverluste durch übermäßige Nutzung des Systems bzw. einer Internet-Anbindung, verdeckte Kosten sowie Widerstände der Mitglieder der Organisationen. Einzelne Punkte sollen in den folgenden Kapiteln erläutert werden.[46]

Einfache Bedienbarkeit

Das Intranet dient als Informations- und Kommunikationssystem für die gesamte Organisation, es ist nicht auf einzelne Abteilungen oder Anwendungsbereiche beschränkt. Um die umfassende Verfügbarkeit des Intranets in der Organisation zu gewährleisten, ist es eine grundlegende Bedingung, daß das System von allen Anwendern bedient werden kann. Aber nicht nur technisch unerfahrene Anwender profitieren vom Intranet, die einfache Funktionsausführung macht die Nutzung auch für diejenigen interessant, die aus Zeitgründen komplexe, proprietäre Systeme nicht nutzen.

---

[45] Vgl. Picot und Reichwald (1987), Seite 112.

[46] Vgl. Hills (1997), Guengerich u.a. (1996), Dyson und Coleman (1997)

Das Intranet ist per Browser einfach und intuitiv zu bedienen, die Informations- und Kommunikationsfunktionen sind leicht zu erlernen und die Benutzeroberfläche bietet konsistente Funktionen.

Multimediafunktionen

Bei der Informationsbereitstellung in einem Intranet können sämtliche Multimedia-funktionen genutzt werden. Multimedial aufbereitete Informationen entsprechen dem natürlichen Informationsverhalten des Menschen.

Die überwiegend in schriftlicher Form stattfindende Kommunikation und Information wird durch visuelle und akustische Informationen ergänzt. Insbesondere in Lernprozessen kann durch multimediale Elemente wie Video, Grafik und Ton eine höhere Effizienz erzielt werden. Ein Intranet spricht mehr Sinne an, als herkömmliche Systeme, die überwiegend textbasiert sind. Informationen können schneller aufgenommen werden. Darüber hinaus sind multimedial aufbereitete Informationen weniger ermüdend, der Anwender kann das System länger bzw. stressfreier nutzen.[47]

Der umfassende Einsatz von Multimedia im Intranet stößt allerdings dort auf Grenzen, wo die Organisation nur über geringe Bandbreiten miteinander verbunden ist. Telearbeiter oder andere Standorte, die per Modem oder über das Internet angebunden sind, können nicht alle Funktionen in ausreichender Qualität nutzen. In diesem Fall muß der Einsatz multimedialer Elemente begrenzt werden.

Erschwinglichkeit, Kostenreduktion und Produktivitätssteigerung

Da sich die Internet-Technologie leicht in bestehende Systeme in Organisationen integrieren läßt, können vorhandene Systeme kostengünstig umgestellt werden. In der einfachsten Anwendung bedeutet dies die Schaffung eines Zugriffs auf bestehende Informationen, Kommunikationsmedien und Anwendungen über einen Web-Browser. Bisher getätigte Investitionen in Systeme, Hardware, Software etc. werden bei der Migration genutzt. Ist ein lokales Netzwerk vorhanden, verfügt die Organisation bereits über die grundlegende Infrastruktur für ein Intranet. Basiskomponenten eines Intranets (TCP/IP-Protokoll, Web-Server, Browser) sind dann mit geringem Kostenaufwand einzurichten.[48]

Reale Kosteneinsparungen durch ein Intranet entstehen durch das Ersetzen der Produktion und Verteilung von papiergebundenen Informationen. Der wesentliche Kostenvorteil eines Intranets liegt aber in der Steigerung der Produktivität.[49] Die Mitglieder der Organisation können ihre Aufgaben schneller und besser ausführen.

Der Kostenfaktor wird vor allem bei wirtschaftlich ausgerichteten Organisationen angeführt. Aber auch Organisationen mit einer anderen Zielausrichtung wie beispielsweise Behörden, medizinische Einrichtungen, Kirchen usw. beziehen finanzpolitische Fragen in Ihre

---

[47] Vgl. Hills (1997), Seite 26-27.

[48] Vgl. unbekannt (1996), Seite 69.

[49] Vgl. Bullinger, Dormeier und Renner (1997), Seite 10.

Organisationsplanung ein. Die Produktivitätssteigerung wirkt sich allgemein auf eine bessere Zielverwirklichung der Organisationen aus und ist somit auch für Organisationen interessant, bei denen die wirtschaftlichen Aspekte eher zweitrangig sind.

Die Einrichtung eines Intranets ist in vielen Fällen kostengünstiger zu realisieren, als mit den herkömmlichen proprietären Applikationen. Netscape berichtet von der Einrichtung eines Intranets für 3000 Angestellte zu Gesamtkosten von 80.000 Dollar.[50] Das Beratungsunternehmen IDC hat in einer Studie ermittelt, das die Ersteinrichtung eines Intranets inklusive Schulung auf Organisationsebene weniger als 40 Dollar pro Benutzer kostet. Nach Angaben von IDC liegen diese Kosten weit unter denen anderer Kommunikations- und Workgroupsysteme.

Die Intranet-Anwendungen werden an zentralen Punkten, auf einem oder mehreren Servern[51], installiert und gewartet. Es ist nicht erforderlich, das auf jedem Desktop ein Update durchgeführt wird und spezielle Konfigurationen vorgenommen werden. Über das Intranet können Informationen, Lernprogramme und Hilfestellungen zur Verfügung gestellt werden, so daß der Unterstützungsaufwand reduziert wird.

Skalierbarkeit

Für die Nutzung der Programme benötigt der Anwender nur eine Zugriffsberechtigung und einen Browser. Andere Software muß nicht auf dem Desktop installiert sein. Die Anwendungen können in LANs[52], in WANs[53] oder über das Internet ausgeführt werden. Die Größe des Systems spielt keine Rolle, sowohl kleine Organisationen als auch internationale Organisationen können ein Intranet einrichten. Aus dem Bereich der Netzwerktechnologie stehen für alle Organisationsgrößen passende Hard- und Softwarelösungen zur Verfügung.

Intranets können schnell ausgeweitet werden. So ist es Organisationen möglich, mit einem Pilotprojekt zu beginnen und das Intranet dann auf die gesamte Organisation auszuweiten.[54] Das Intranet wächst mit den Organisationen und angeschlossenen Abteilungen. Die Skalierbarkeit der Internet-Technologien bietet für die Entwicklung der Organisation sowie der Informationsinfrastruktur eine hohe Flexibilität.

Plattformunabhängigkeit

Die Intranet-Technologie integriert unterschiedliche Betriebssysteme, Rechnersysteme und Anwendungen in einem Netzwerk. Auf allen Systemen werden die gleichen Protokolle eingesetzt. Die Darstellung der Informationen basiert auf einheitlichen Dateiformaten, so daß aufwendige Konvertierungen vermieden werden und für zahlreiche Dateiformate nicht

---

[50] Netscape (1996) White Paper: Intranet Solutions – The New Way to Share Workgroup Information. http://www.netscape.com

[51] Siehe auch „Server" im Glossar Seite 130.

[52] Siehe auch „LAN" im Glossar Seite 128.

[53] Siehe auch „Wide Area Network (WAN)" im Glossar Seite 132.

[54] Vgl. Hills (1997), Seite 22.

je eigene Anwendungen bereit gehalten werden müssen. Durch die objektorientierte Java-Technologie wird die Unabhängigkeit der Systeme über die Informationsbereitstellung hinaus auf den Anwendungsbereich erweitert.[55]

Diese Plattformunabhängigkeit erhöht die organisatorischen Freiräume bei der Gestaltung der Informations- und Kommunikationsstruktur der Organisation. Die grundlegende Standardisierung (TCP/IP als Protokollsammlung, HTML als Dateiformat, Browser als zentrale Anwendungsprogramme) sind die Grundlage für die Ausbreitung der Informations- und Kommunikationsmedien des Intranets auf die gesamte Organisation. Trotz der Standards können Anwender an ihren gewohnten Systemen festhalten. Dies erhöht die Akzeptanz des Intranets bei den Mitgliedern der Organisation.

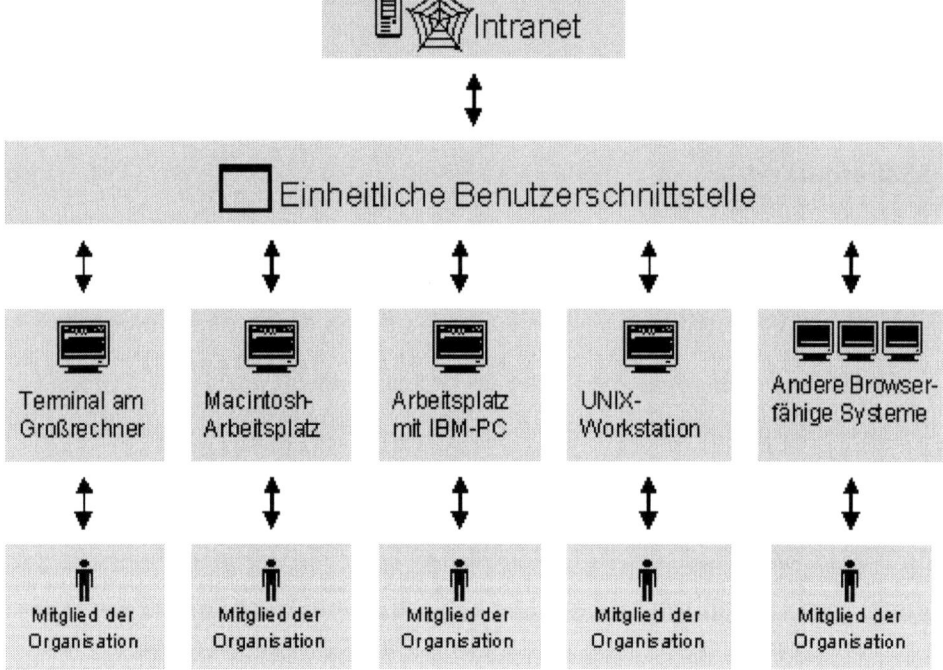

Diagramm 8: Plattformunabhängigkeit des Intranets

Flexibilität

Neben der technischen Flexibilität, die sich vor allem in der beschriebenen Plattformunabhängigkeit ausdrückt, erweitert das Intranet die organisatorischen Gestaltungs- und Entwicklungsmöglichkeiten der Organisationen und Organisationsmitglieder.

Das Intranet bietet die Unabhängigkeit der Informations- und Kommunikationssysteme vom Standort der Organisation. Dies kann zu einer räumlichen Auslagerung der Tätigkeiten

---

[55] Vgl. Kyas (1997), Seite 53.

führen, beispielsweise auf Telearbeiter, Außendienst oder Zweigstellen. Neben dieser geographischen Flexibilisierung entstehen auch zeitliche Freiräume für die Mitglieder. Durch asynchrone Kommunikationsformen ist eine zeitversetzte Bearbeitung möglich.

Den Mitgliedern der Organisation steht bei der Auswahl der Kommunikationsmedien eine breitere Palette an Instrumenten zur Verfügung. Das Intranet bietet unterschiedliche Kommunikationsformen wie E-Mail, Videokonferenz, Chats, Newsgroups usw., die je nach Anforderung ausgewählt werden. Diese Flexibilität führt zu einer qualitativen Verbesserung der Kommunikation.

Sicherheit

Unter dem Sicherheitsaspekt werden Informationssysteme auf Ihre Betriebssicherheit und dem Schutz der gespeicherten Informationen betrachtet. Ein System muß Ausfallsicherheit bieten und auch bei unsachgemäßem Verhalten stabil bleiben. Technische Defekte und Bedienungsfehler dürfen nicht zu Ausfällen und Datenverlust führen. Der zweite Aspekt betrifft den Schutz des Systems vor Eingriffen von außen. Ein Zugriffsschutz muß vor der unautorisierten Nutzung durch Dritte schützen. Die Sicherheitsanforderungen eines Intranets stehen im Kontrast zu den offenen Informations- und Kommunikationsstrukturen eines derartigen Systems, die eine grundlegende Voraussetzung für den Erfolg des Intranets darstellen.

Sicherheitsaspekte betreffen vor allem die elektronische Abwicklung von Zahlungen, Authentizitätsüberprüfung[56], Gewährleistung der Vertraulichkeit von Daten, Echtheit der elektronischen Unterschrift, fehlende Sicherheit bei der Übertragung über das Internet sowie Gefahren durch unerlaubten Zugriff.[57]

Durch Verschlüsselungs- und Sicherheitstechnologien, die bereits in anderen informationstechnischen Bereichen zum Einsatz kommen, können vertrauliche Informationen gesichert werden. Diese Technologien werden vor allem durch Funktionen des Netzwerks, in dem das Intranet implementiert ist, gewährleistet. Kryptographische[58] Verfahren gewährleisten die vertrauliche Übertragung von Nachrichten und Daten über das Internet.

Einzelne Informationsinhalte des Intranets sind vor dem Zugriff Unbefugter zu schützen, beispielsweise persönliche Daten aus dem Personalbereich, neue Entwicklungen aus der Forschung oder vertrauliche Informationen aus dem Führungsinformationssystem. Durch Sicherheitstechnologien werden die Informationen des Intranets vor dem Zugriff Außenstehender gesichert. Umfassende Sicherheitstechniken können den Zugriff auf das System jedoch verlangsamen und so die Bedienungsfreundlichkeit einschränken. Bei der Einrichtung eines Intranets gilt es Sicherheitsanforderungen und Leistungsanforderungen gegeneinander abzuwägen.

---

[56] Siehe auch „Authentifizierung" im Glossar Seite 125.

[57] Vgl. Ubois (1995), Seite 82.

[58] Siehe „Verschlüsselung" im Glossar Seite 131.

Durch eine Kombination aus Authentifizierungsfunktionen und Zugriffskontrollen wird das Intranet gegen den unerlaubten Zugriff geschützt. Dabei kann das Intranet gegen Außenstehende abgegrenzt und einzelne Bereiche des Intranets durch Zugriffsberechtigungen nur für bestimmte interne Gruppen freigegeben werden. Sensible Informationen können durch kryptographische Verfahren geschützt werden, so daß sensible Daten auch über das Internet übertragen werden können und innerhalb des Intranets keine Mißbrauchmöglichkeiten bestehen.[59]

Vorteile aus technologischer Perspektive

Coleman/Dyson stellen vor allem die technischen Vorzüge eines Intranets in den Vordergrund:[60]

- Die zugrundeliegende Internet-Technologie ist skalierbar, kann sowohl in Wide Area Netzwerken sowie in kleinen und mittelgroßen LANs eingesetzt werden.

- In einem Intranet können umfangreiche, sich häufig ändernde Informationen innerhalb einer Organisation veröffentlicht werden.

- Die verwendete Internet-Technologie benötigt weniger und anspruchslosere Ressourcen (Hardware, Software) als andere Applikationen, die zu Kommunikations- und Informationszwecken in Organisationen verwendet werden.

- Einfach anzuwendende Web-Browser sind für nahezu jede Betriebssystem-Plattform und Hardware-Konfiguration verfügbar. Die Browser-Software kann preiswert bzw. kostenlos implementiert werden.

- Auf dem Intranet-Markt dominiert kein einzelner Anbieter. Die Offenheit der Internet-Standards bewirkt, daß die Produkte unterschiedlicher Anbieter gut miteinander arbeiten.

- Die Verbesserungen von HTML-Autorenprogrammen und die Ergänzung von Desktop-Applikationen (beispielsweise Textverarbeitungsprogramme) machen es einfacher, HTML-Seiten und damit die Inhalte des Intranets zu erstellen.

Die Internet-Technologie wird mit großer Geschwindigkeit übernommen. Internet-Technologie wird schon in kleinen und großen Einrichtungen eingesetzt, wodurch die Verbreitung noch gefördert wird. Schon heute bietet das Internet zahlreiche Anwendungsmöglichkeiten, die weit verbreitet und bei vielen Nutzern zur Anwendung kommen. Einer der Hauptgründe für die rasche Adaption der Internet-Technologie ist, daß sie einfach in bestehende Systeme integrierbar ist bzw., daß vorhandene Systeme schnell umgerüstet werden können. Eine umfassende Umstrukturierung der technischen Einrichtungen einer Organisation ist nicht erforderlich. Die Internet-Technologie kann in heute existierenden Großrechner-, UNIX- und PC-Umgebungen eingesetzt werden (vgl. Diagramm 8). Neue Anwendungen können hinzugefügt und alte erweitert werden, ohne daß der laufende

---

[59] Vgl. Kyas (1997), Seite 42-43.

[60] Vgl. Coleman und Dyson (1997), Seite 24.

Betrieb stark gestört wird. Anstelle einer technologischen Revolution kommt es zu einer Transformation der Systeme. Diese Migration hat für Anwender und die Systemverantwortlichen entscheidende Vorteile.

Vorhandene Technologien werden mit neuen verknüpft. Vorhandenes Wissen, das sich über Jahre im Unternehmen entwickelt hat, kann weiterhin genutzt werden. Die Kenntnisse über neue Verfahren und Technologien werden Schritt für Schritt hinzugewonnen. Datenbanken, Anwendungsprogramme, Netzwerke und Desktop-Systeme können in Pilotprojekten schnell und preiswert übertragen werden. Anhand dieser Pilotmodelle werden die neuen Anwendungen emuliert und können überprüft werden.

Vorhandene finanzielle und zeitliche Investitionen in bestehende Technologien, Schulung, Geschäftsabläufe und Verbindungen können genutzt werden. Auf der anderen Seite bieten sich dem Anwender durch neue Anwendungen, Technologien, Verfahren und Systeme völlig neue Nutzungsmöglichkeiten. Existierende und neue Anwendungen werden durch das Intranet für sehr viele Benutzer zugänglich.

3.5 Das Intranet als integrierendes Informations- und Kommunikationssystem

Die grundlegenden Funktionen des Intranets dienen der Information und Kommunikation innerhalb der Organisation. Die unterschiedlichen Informations- und Kommunikationsfunktionen stehen den Mitgliedern der Organisation über ein integriertes System zur Verfügung. Informationen (bspw. HTML-Dateien, Dokumente, Datenbanken) sowie Kommunikationsfunktionen (E-Mail, Chat usw.) können über eine zentrale Schnittstelle, den Browser abgerufen werden.) Durch umfassende Verfügbarkeit und einfache Bedienung ist das Intranet neben der persönlichen Kommunikation und dem Telefon das zentrale Informations- und Kommunikationssystem der Mitglieder von Organisationen.

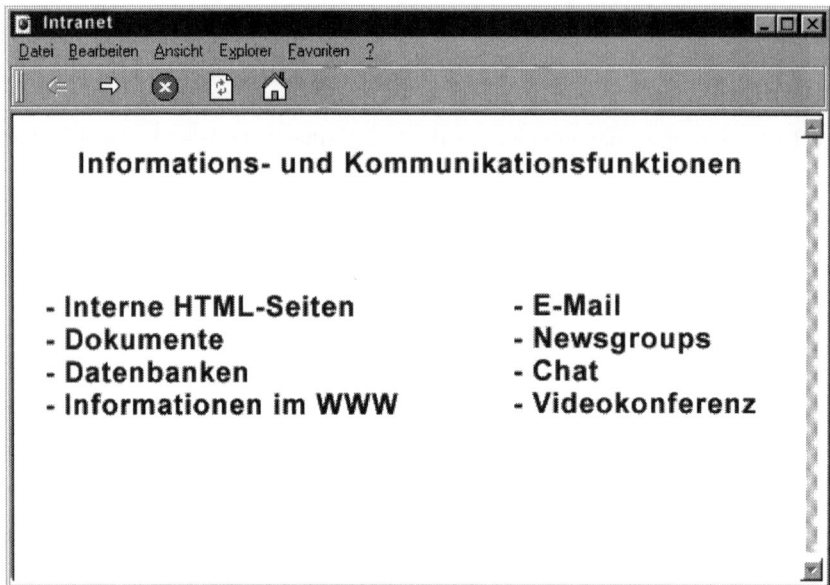

Diagramm 9: Das Intranet integriert Informations- und Kommunikationsfunktionen

Die bisher eingesetzten, proprietären EDV-, Informations- und Kommunikationssysteme bestehen aus einer Sammlung von Desktop-Anwendungen sowie Zugriffsfunktionen auf einen oder mehrere Datei-Server über ein Netzwerk. E-Mail ist als elektronisches Kommunikationsmedium in den meisten Organisationen mit Netzwerk bereits eingeführt. Einige Organisationen sind noch einen Schritt weiter gegangen und bieten Systeme zur Dokumentenverwaltung und Gruppenarbeit, sogenannte Groupware-Systeme, an. Eine weite Verbreitung hat dabei Lotus Notes erfahren.

Keine dieser Anwendungen ist primär für den einfachen, organisationsinternen Informationsaustausch vorgesehen. Die Desktop-Anwendungen wie Tabellenkalkulationen und Textverarbeitungsprogramme dienen hauptsächlich der Erstellung von Dokumenten in Papierform. Netzwerke und Datei-Server bieten einen gemeinsamen Zugriff auf Dateien und Anwendungen, das einfache Retrieval der Informationen unterstützen sie aber nicht.

3.6 Gruppenarbeit in Organisationen auf Basis eines Intranets

Die neuen Anforderungen, die in der modernen Gesellschaft an Organisationen gestellt werden, sind nur durch Teamarbeit zu lösen. Neue Arbeitsformen erfordern umfassende Informations- und Kommunikationssysteme wie das Intranet. Das Intranet ist keine individuelle Anwendung, die einem bestimmten Zweck, einem einmaligen Informationsfluß dient. Der Austausch von Informationen fördert den Ablauf von Prozessen, die die Struktur der Gruppen und Organisationen ausmachen. Das Intranet erfüllt grundlegende Anforderungen, die für die Gruppenarbeit entscheidend sind: Information, Kommunikation, Ablaufsteuerung, Wissensspeicherung.

Eine soziale Gruppe ist allgemein als überschaubare Anzahl von Individuen definiert, die eine längere Zeit in Interaktion stehen. Die fortlaufende Interaktion ist das primäre Merkmal einer Gruppe. Sekundäre Merkmale sind die Ausbildung bestimmter Verhaltensregelmäßigkeiten, gemeinsame Einstellungen sowie die Herausbildung bestimmter Strukturen.[61]

Gruppen in Organisationen sind primär aufgabenorientierte, instrumentelle Gruppen. Darüber hinaus entstehen aber auch sozio-emotionale Beziehungen in den Gruppenstrukturen, die auch in funktional ausgerichteten Organisationen wirksam werden. Ähnlich ist die Unterscheidung in formelle und informelle Gruppen aufzufassen.

Die Kommunikationsstruktur von Gruppen in Organisationen bezieht sich auf Umfang und Qualität formeller und informeller Kommunikationskanäle, die Struktur der Kommunikationskanäle, Kommunikationsstörungen sowie die Funktion und Richtung der Kommunikation. Kommunikation kann innerhalb der Gruppe oder zwischen Gruppen stattfinden.

Die Leistungsfähigkeit einer Gruppe hängt von zahlreichen Faktoren ab:

- Gruppengröße - bei übergroßen Gruppen ist ein Leistungsabfall zu erwarten

- Gruppenstruktur - Rollendifferenzierung, Kommunikationsstruktur und die Beziehungen der Gruppenmitglieder untereinander wirken sich auf die Leistung aus.

- Gruppenklima - sozio-emotionale, informelle Strukturen können funktional oder dysfunktional wirken

- Art der Aufgabe - bei komplexen Aufgaben gilt Gruppenarbeit als leistungsfähiger

Zur Erledigung von Aufgaben werden in Organisationen häufig Teams gebildet. Der Terminus Teamarbeit beschreibt die Koordination individueller Einzelleistungen auf Basis eines partizipativen Ansatzes der Sozialorganisation.[62] Er wird folgendermaßen definiert:[63]

> *Unter einem Team soll hier eine kleine, funktionsgegliederte Arbeitsgruppe mit gemeinsamer Zielsetzung, relativ intensiven wechselseitigen Beziehungen, einem ausgeprägten Gemeinschaftsgeist sowie einem relativ starken Gruppenzusammenhalt unter den Mitgliedern und damit einer spezifischen Arbeitsform verstanden werden.*

Differenzierende Elemente wie individuelle Besonderheiten und Fähigkeiten werden durch das integrierende Element gemeinsamer Orientierungen zusammengefaßt. Ein Team integriert Spezialisten zu einer Gruppe. Ein Team hat demgemäß folgende Merkmale:

- Größe – ein Team wird in der bisherigen Diskussion als Kleingruppe verstanden, bei der alle Mitglieder unmittelbar in Kontakt sind.[64] Neue Informations- und Kommuni-

---

[61] Vgl. Wiswede (1992), Spalte 736.

[62] Vgl. Wiendiek (1992), Spalte 2375.

[63] Forster (1978), Seite 56.

kationsmedien können zu einer Erweiterung des Verständnisses des Begriffs Team führen, wenn sie Austausch und Kommunikationsmöglichkeiten bieten.

- Die Dauer der Existenz des Teams wird durch die Aufgabe bestimmt.

- Leistungsorientierung - die Arbeit des Teams ist auf ein Ziel ausgerichtet.

- Arbeitsstil - in Teams interagieren Spezialisten verschiedener Sachgebiete kooperativ. Die Verantwortung wird kollektiv getragen. Ein Team ist vor allem mit schwierigen und wechselnden Aufgaben beschäftigt.

Zur Teambildung kommt es vor allem, wenn die Aufgabenkomplexität die Informations-verarbeitungs-, Steuerungs- und Verantwortungskapazität eines Individuums übersteigt. Die Komplexität und Vernetzung technischer, organisatorischer und sozialer Strukturen bzw. Prozesse fördert die Verbreitung der Teamarbeit innerhalb der Organisationen.[65] Darüber hinaus kann ein hoher Innovationsbedarf durch Teamarbeit besser gedeckt werden. Demo-kratisierungstendenzen in Organisationen und der gesellschaftliche Wertewandel be-günstigen partizipative Organisationsstrukturen wie die Teamarbeit im Vergleich zu hierarchisch direktiven Strukturen. Das Intranet dient als Plattform für die Gruppen- und Teamarbeit in modernen Organisationsstrukturen.

3.6.1 Groupware

Zur Unterstützung der Gruppenarbeit waren bereits vor der Entwicklung des Intranets informationstechnisch Systeme im Einsatz. Proprietäre Groupware-Produkte sollten die Teams und Gruppen bei Planung, Kommunikation und Projektablauf unterstützen. Der-artige Groupware-Software unterstützt die informelle Zusammenarbeit innerhalb einer definierten Arbeitsgruppe auf Basis von Netzwerktechnologien. Ein Groupware-System beinhaltet beispielsweise E-Mail-, Dokumentenmanagement, Planungs- und „Schwarzes Brett"-Funktionen[66]. Die zentrale Datenhaltung ermöglicht die verteilte Bearbeitung des gleichen Datenbestandes.[67]

Groupware ist spezielle, oft sehr teure Software, die von Gruppen in Netzwerken eingesetzt wird, um an einem gemeinsamen Projekt zu arbeiten. Das am weitesten verbreitete Groupware-Produkt Lotus Notes zeichnet sich durch hohe Kosten in Anschaffung und Wartung, proprietäre Formate, aufwendige Anwendungsentwicklung und umfassenden Schulungsbedarf aus.[68] Lotus Notes basiert auf einem Dokumentenmanagementsystem. Über eine grafische Oberfläche wird auf ein E-Mail-System, eine Dokumentdatenbank und

---

[64] Vgl. Homanns (1960), Seite 29.

[65] Vgl. Wiendiek (1992), Spalte 2377-2378.

[66] Siehe auch „Whiteboard" im Glossar Seite 132.

[67] Vgl. Knetsch (1996), Seite 41-42.

[68] Vgl. Kyas (1997), Seite 24.

Entwicklungstools zugegriffen. Durch Replikationsfunktionen wird die Aktualität der Datenbestände gewährleistet.[69]

Diese Software dient beispielsweise zur interaktiven Entwicklung, Bewertung und Systematisierung von Ideen, Methoden zur Evaluation und Abstimmung von Verfahren und Prozessen und der interaktiven Erstellung und Bearbeitung von Dokumenten. Drei Arten der Unterstützung der Gruppenarbeit kristallisieren sich heraus:[70]

- Kommunikation (Konferenzsysteme, E-Mail etc.)

- Organisation der Gruppenarbeit (Terminplanung, Projektmanagement etc.)

- Gemeinsame Nutzung von Ressourcen (Hardware, Software, Daten, Dokumente etc.)

In der Praxis werden in Groupware-Systemen Daten gemeinsam gesammelt und ausgewertet, Dokumente erstellt, Ablaufpläne und Konzepte im Team entwickelt, Terminplaner geführt und Gruppendiskussionen durchgeführt.

Dokumente werden in einer Datenbank gespeichert, auf die alle Mitglieder der Gruppe Zugriff haben. Die Datenbank kann auf andere Server oder auf über Fernverbindung angeschlossene Notebooks repliziert werden. Diese Replikation ist die Grundvoraussetzung für die Aktualität der Daten.

In der Regel ist es sehr aufwendig, Groupware-Systeme einzurichten, zu verwalten und auf dem aktuellen Stand zu halten. Die Komplexität der Systeme verhindert die Ausweitung auf die gesamte Organisation. Ein Informationssystem, das nur von bestimmten Organisationsteilen genutzt wird, entspricht nicht dem Idealbild eines allgemeinen Informations- und Kommunikationssystems. Der proprietäre Charakter derartiger Groupware-Systeme ist ein weiteres Problem. Die Organisation ist im Bereich der Informationstechnik von einigen wenigen Anbietern abhängig (Software, Dateiformate, Protokolle etc.). Der Austausch mit anderen Systemen vor allem auf interorganisationaler Ebene ist problematisch, da die Informationstechnik auf unterschiedlichen Standards basiert.

Die proprietären Groupware-Systeme konnten sich aufgrund der genannten Einschränkungen kaum am Markt durchsetzen und waren auf Spezialbereiche beschränkt. Durch die Realisierung von Groupware-Funktionen im Intranet werden zahlreiche Nachteile der proprietären Systeme aufgehoben. Groupware-Elemente stehen im Intranet unmittelbar und organisationsweit zur Verfügung, da sie aufgrund der offenen Standards und Browser-orientierten Struktur kostengünstiger, leistungsfähiger und flexibler implementiert werden können.[71] Das Intranet ist die informations- und kommunikationstechnische Infrastruktur für die Gruppenarbeit in den Organisationen.

---

[69] Vgl. Schätzler und Eilingsfeld (1997), Seite 41-43.

[70] Vgl. Jessup und Valacich (1996), Seite 166.

[71] Vgl. Kyas (1997), Seite 24.

3.6.2 Workflow im Intranet

Mit Workflow-Software werden organisationsinterne Abläufe unterstützt. Zentraler Bestandteil des Workflows ist die Automatisierung von Arbeitsabläufen, des Informationsflusses und des Berichtswesens. Im Vergleich zu Groupware sind Workflow-Funktionen strenger reguliert.[72] Eine exakte Trennung zwischen den beiden Konzepten kann aber nicht gezogen werden.

Beim Workflow werden Vorgänge gesteuert, um einen kontinuierlichen Ablauf zu realisieren. Individuen und Teams werden auf diese Weise gesteuert und kontrolliert. Workflow-Systeme steuern die Reihenfolge der Bearbeitung, überwachen den Terminablauf sowie die Zuständigkeiten und regeln die automatische Dokumentation und Archivierung.[73]

Workflow kann je nach Aufgabenstellung der Organisation folgende Funktionen beinhalten, die in einem Intranet werden sie üblicherweise auf Basis von Formularen, E-Mail und Datenbanken (Dokument-, Termindatenbanken) realisiert werden:[74]

- Einsatzkontrolle und Ablaufkontrolle für Ressourcen (Mitarbeiter, Technik und Prozesse)

- Initiierung und Weiterleitung von Anfragen und Handlungsanforderungen

- Statusberichte

- Meinungsabfrage und Entscheidungsfindung durch Abfragesysteme

- Verwaltung von To Do-Listen

---

[72] Vgl. Hills (1997), Seite 46.

[73] Vgl. Knetsch (1996), Seite 42-44.

[74] Vgl. Guengerich u.a. (1997), Seite 300-301.

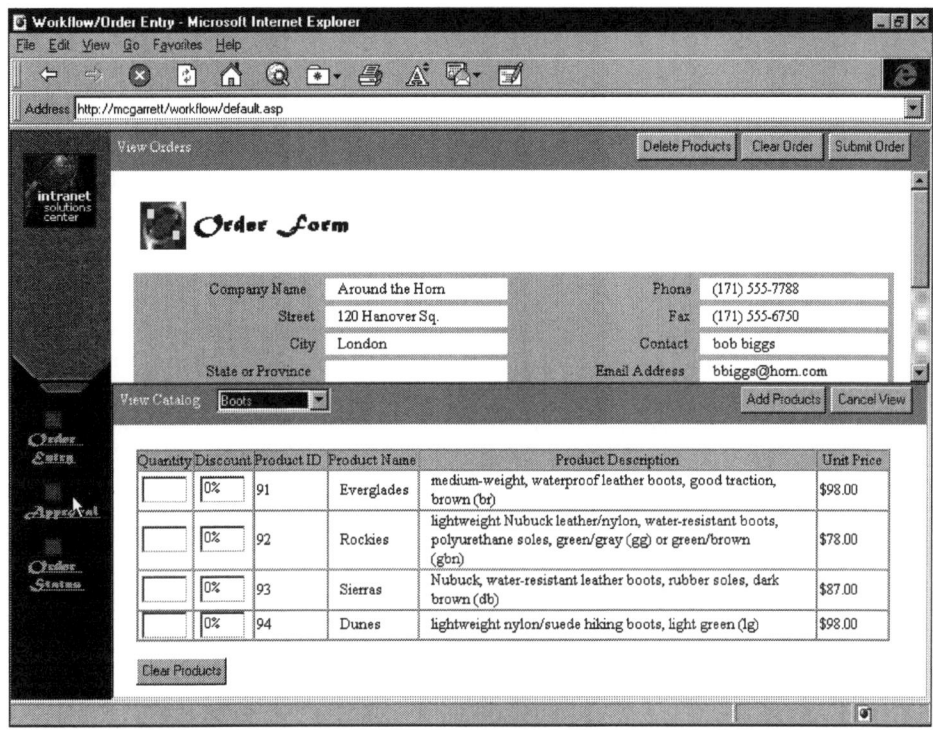

Abbildung 1: Die Erstellung eines Berichts per Workflow-Formular

4 Grundlagen und technische Verfahren des Intranets

Die technischen Strukturen des Intranets sind in den meisten Fällen keine Neuentwicklungen, sondern Anwendungen bestehender Technologien. In Intranets werden Internet-Technologien wie Protokolle, HTML-Dokumente und Kommunikationsfunktionen wie E-Mail mit bestehenden Netzwerkstrukturen verbunden und als integriertes Informations- und eingesetzt.

Die Ausweitung der Nutzung der Internet-Technologien dazu geführt, daß sich die IT-Spezialisten in den Organisationen diese technischen Konzepte innerhalb der bestehenden Informationssysteme einsetzen. Die Standards und Technologien wurden übernommen. Durch die Verbreitung der Nutzung des Internets in Unternehmen, Hochschulen und im privaten Bereich verfügen große Personenkreise über Nutzungskompetenzen in bezug auf Internet-Techniken wie Browser, hypertextuelle[75] Verknüpfungen oder HTML. Dies verringert die Hemmschwellen und Widerstände bei der Einführung des Intranets. Der Erfolg des Internets ist die Grundlage für eine breite Akzeptanz bei Anwendern und Systementwicklern.

In diesem Kapitel werden die Infrastruktur, konzeptionellen Grundlagen sowie die informations- und kommunikationstechnischen Komponenten im Hinblick auf ihre Einsatzmöglichkeiten im Intranet erläutert.

4.1 Infrastruktur des Intranets

Die Infrastruktur des Intranets nutzt die technischen Standards des Internets und wird auf Basis bestehender Netzwerke und Hardwareumgebungen realisiert. Zentrale infrastrukturelle Komponenten des Intranets sind Netzwerke, Browser zur Nutzung der Inhalte sowie die Internet/WWW-Protokolle. Eine Intranet-spezifische Entwicklung ist der Netzwerkcomputer, der die Verbreitung von Intranets födern soll.

4.1.1 Netzwerke auf Client/Server-Basis

In Netzwerken werden Techniken der EDV und der Datenübertragung verknüpft, um den Benutzern des Systems gemeinsame Ressourcen zur Verfügung zu stellen. Datenkommunikation ist die Voraussetzung für die Nutzung von Informations- und Kommunikationssystemen in Organisationen.

Die meisten Organisationen, die eine informations- und kommunikationstechnische Infrastruktur eingerichtet haben, setzen ein Client/Server-System ein. Diese Strukturen sind in den meisten Fällen die Grundlage für die Implementierung der Internet-Technologien und damit der Intranet-Systeme. Die grundlegenden Hardwarekomponenten eines Intranets (Server, Netzwerkverbindungen, Workstations) sind ursprünglich für den Einsatz im Client/Server-Bereich entwickelt und eingesetzt worden.[76]

---

[75] Siehe auch „Hypertext" im Glossar Seite 127.

[76] Vgl. Guengerich u.a. (1996), Seite 8.

Ein Client ist ein Computer im Netzwerk, der die Ressourcen wie Daten und Dienste eines Servers in Anspruch nimmt. Client-Anwendungen sind Programme, die auf Server-Ressourcen wie Programme, Daten oder Druckdienste zurückgreifen. Die Funktionen eines Client-Rechners werden durch ein Netzwerk erheblich erweitert, da Datenbestände und Peripheriegeräte gemeinsam genutzt werden können. Netzwerke sind die Grundlage für gemeinsame Datennutzung, Informationsaustausch per E-Mail und andere „vernetzte" Tätigkeiten in einer Organisation. Ein Server ist demnach ein Computer, der angeschlossenen Rechnern im Netzwerk Ressourcen zur Verfügung stellt. In kleinen Netzwerken erfüllt ein Server alle Aufgaben, in großen Netzwerken werden für bestimmte Aufgaben separate Server bereitgestellt:[77]

- Dateiserver – Über Dateiserver können die Netzwerkanwender gemeinsam auf Dateien und Dateidienste zugreifen. Diese Dienste ermöglichen den Dateitransfer, Die Speicherung der Dateien, die Synchronisation von Daten sowie die Dateiarchivierung.

- Druckserver – Druckserver ermöglichen die gemeinsame Nutzung von Druckern, eine Entlastung der Arbeitsplatzrechner durch die Ausführung der Druckdienste auf dem Server sowie schnellere Druckausführung durch schnellen Netzwerkdatentransfer und die Bearbeitung von mehreren Druckaufträgen.

- Anwendungsserver – Über Anwendungsserver können Anwender im Netzwerk auf Software-Anwendungen zugreifen, die auf externen Rechnern implementiert sind.

- Nachrichtenserver – Kommunikationsdienste wie E-Mail, Workgroup-Anwendungen und Verzeichnisdienste werden über Nachrichtenserver bereitgestellt.

- Datenbankserver – Datenbankserver stellen den Anwendern eines Netzwerks leistungsfähige Datenbankanwendungen zur Verfügung. Über im Vergleich leistungsschwache PCs oder Terminals können komplexe Datenbankfunktionen gesteuert werden, deren Prozesse vom Server ausgeführt werden. Auf den Anwenderrechnern läuft lediglich eine Benutzerschnittstelle (im Falle des Intranets ein Browser) über die die Funktionen des Datenbankservers gesteuert werden.[78]

- Webserver – Webserver stellen Internet- und Intranetdienste zur Verfügung, beispielsweise Protokolle, die Übermittlung von HTML-Seiten oder die Verwaltung von Internet-Adressen.

In vielen Organisationen sind bereits Netzwerke (sogenannte LANs) eingerichtet, über die Dokumente allgemein zugänglich sind. Im Vergleich zum Intranet ist der Zugriff auf die Informationen aber komplizierter, da die Dokumente nur mit den entsprechenden Anwendungen genutzt werden können. Die Standards des Intranets wie Browser, TCP/IP usw. vereinfachen den Zugriff und erweitern die Nutzerbasis. Intranets setzen im allgemeinen auf bestehende Netzwerkarchitekturen in Organisationen auf.

---

[77] Vgl. Chellis, Perkins und Strebe (1997), Seite 5-7.

[78] Vgl. Chellis, Perkins und Strebe (1997), Seite 19-27.

Die Vernetzung der informationstechnischen Systeme ist die Basis des Intranets, das auf bestehende Netzwerkstrukturen aufsetzt. Hardware, Netzwerksoftware und die Kenntnisse und Fertigkeiten der Netzwerkadministratoren können im Intranet weiter genutzt werden. Kostenersparnis und geringe Migrationsprobleme verringern die Widerstände bei der Einrichtung eines Intranets. Im Hinblick auf die Netzwerkkomponenten ist die Implementierung eines Intranets kein revolutionärer, sondern ein evolutionärer Prozeß.

Server werden in den Netzwerken von Organisationen bereits eingesetzt und sie sind eine der Grundlagen der informationstechnischen Infrastruktur des Intranets. Sie bieten einen schnellen, zuverlässigen und kontrollierten Zugriff auf gemeinsame Ressourcen wie Dateien, Programme, Drucker usw. Die Suche nach den passenden Informationen und Dokumenten ist innerhalb der bestehenden Server- und Netzwerkarchitektur für den Benutzer aber nicht einfach. Die Suche in Dateien und Verzeichnissen wird nur unzureichend durch Suchfunktionen unterstützt. Zusätzlich muß zur Nutzung der Informationen die passende Software-Anwendung zur Verfügung stehen.

Server sind eine Kombination aus Hard- und Software. Die grundlegenden Komponenten sind:[79]

- Eine Hardwareplattform, die ausreichend Ressourcen für die benötigten Dienste zur Verfügung stellt.

- Ein Betriebssystem, das die erforderlichen Netzwerkfunktionen wie Protokolle, Dokumentenmanagement und Benutzerverwaltung für Intranet-Server liefert.

- Diverse Server-Tools, die einzelne Funktionen des Intranets unterstützen.

- Gateways zu anderen Diensten und Servern (Fax, E-Mail, Firewall[80] usw.)

Die Anzahl der Server in einer Organisation kann sehr unterschiedlich sein. Vor allem große Unternehmen aus der IT-Branche setzen in ihren Organisationen bereits Hunderte von Servern ein; beispielsweise DEC 400, Silicon Graphics 600 und Sun Microsystems mehr als 1000.[81]

4.1.2 Browser

Das grundlegende Werkzeug der Benutzer eines Intranets ist der Browser, ein Softwareprogramm, das die Inhalte des Intranets darstellt und die Navigation[82] durch das Informationssystem ermöglicht. Die einfache Bedienung des Browsers ist die Grundlage für eine erfolgreiche Nutzung der Inhalte und die Ausweitung der Nutzung des Intranets auf

---

[79] Vgl. Schätzler und Eilingsfeld (1997), Seite 173.

[80] Siehe auch „Firewall" im Glossar Seite 126.

[81] Vgl. Dyson (1996), Seite 9.

[82] Siehe „Navigation" im Glossar Seite 129.

alle Mitglieder der Organisation. Der Markt für Browser, die im Intranet zum Einsatz kommen, wird auf 30 Millionen Dollar geschätzt.[83]

Die ersten HTML-Browser waren textbasierte Systeme, die die Hypertext-Verknüpfungen mit einer Nummer in Klammern kennzeichneten. Durch Eingabe der Nummer wurde die Verknüpfung aufgerufen. Der erste grafische Browser war das Programm Mosaic[84]. Mosaic wurde an der Universität von Illinois am National Center for Supercomputing Applications entwickelt. Mit dieser Software konnten Text und grafische Elemente dargestellt werden, alle HTML-Befehle blieben dem Benutzer verborgen. Darüber hinaus wurden weitere Hypertext-Funktionen realisiert, die auch in den heute eingesetzten, weiterentwickelten Programmen noch vorhanden sind: Verknüpfungen werden hervorgehoben dargestellt, die zuletzt aktivierten Seiten werden in einer Historie angezeigt, bereits aktivierte Links[85] werden in einer anderen Farbe dargestellt.

Im Jahr 1993 waren Mosaic-Versionen für die grafischen Oberflächen Microsoft Windows auf IBM-kompatiblen Systemen, für UNIX-Systeme mit X Windows-Oberfläche und für Apple Macintosh-Systeme verfügbar. Damit konnten die Anwender der unterschiedlichsten Systeme HTML-Dokumente mit dem gleichen Werkzeug nutzen.

Browser sind heute allgemein verbreitet, da sie auch für die Nutzung der Inhalte des Internets verwendet werden. Am geläufigsten sind der Internet Explorer von Microsoft und der Netscape Navigator von Netscape Inc, die für zahlreiche Systeme zur Verfügung stehen.

---

[83] Quelle: Zona Research: „Internet and Intranet: 1996 Markets, Opportunities, and Trends.

[84] Siehe auch „Mosaic" im Glossar Seite 129.

[85] Siehe auch „Links (Verknüpfungen)" im Glossar Seite 128.

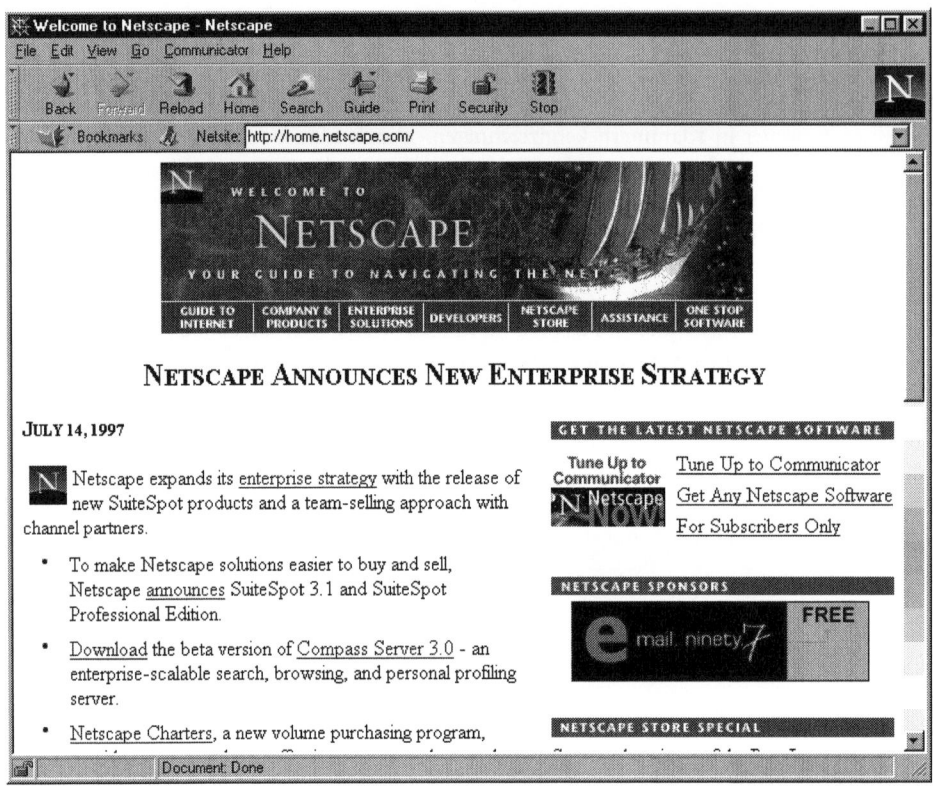

Abbildung 2: Der weit verbreitete Browser Netscape Navigator

Um weitergehende Multimedia-Funktionen zu bieten, werden Browser mit sogenannten Plug-Ins[86] ausgestattet. Mit diesen Erweiterungen können zusätzliche Dateiarten mit dem Browser dargestellt werden, beispielsweise Sounds, Animationen, Videos und hochauflösende Grafiken.

Die einfache Funktionalität des Browsers hat eine entscheidende Bedeutung für den Erfolg des Intranets, da einfache Handhabung, die Steuerung per Maus sowie die visuellen, logischen Verknüpfungen zu Informationen alle Funktionen des Intranets schnell und einfach zur Verfügung stellen.

4.1.3 Protokolle

Protokolle sind die Grundlage eines Intranets, auf die die Technologien aufbauen. Die wichtigsten Protokolle der Internet- und Intranet-Technologien im Bereich der Vernetzung sind das Internet Protocol (IP) und das Transmission Control Protocol (TCP). Wichtige Merkmale eines Intranets wie Offenheit, Plattformunabhängigkeit, Standardisierung,

---

[86] Siehe auch „Plug-In" im Glossar Seite 130.

Unabhängigkeit von Hard- und Softwareanbietern sowie Flexibilität spiegeln sich in den Definitionen und Zielsetzungen der zugrundeliegenden Protokolle wider.

Die Spezifikationen des Internet Protocol legen fest, wie Datenpakete[87] vom sendenden Computer über Datenverbindungen auf einen Zielcomputer übertragen werden. Im Internet Protocol sind zahlreiche Standards für die Größe der Pakete, die Zusammensetzung der Internet-Adressen und andere grundlegende Informationen für die Übertragung festgelegt. Das Transmission Control Protocol ist die Übertragungsebene der TCP/IP-Protokollsammlung, die den Datenaustausch zwischen Sender und Empfänger ermöglicht.

Das Transmission Control Protocol/Internet Protocol, abgekürzt TCP/IP, die Kombination der beiden Protokollsammlungen, wird vor allem im Internet genutzt, kann aber auch in anderen Netzwerken zum Einsatz kommen. Der Beginn der Entwicklung von TCP/IP geht in das Jahr 1973 zurück. 1983 entstand eine standardisierte Version, die zunächst in einem militärischen Netzwerk, dem ARPAnet, zum Einsatz kam. Ein Großteil der Entwicklungsarbeit von TCP/IP entstand an der University of California in Berkeley. Das Protokoll wurde Universitäten und anderen Institutionen zur Verfügung gestellt, woraufhin sich TCP/IP im universitären Umfeld verbreitete und die Grundlage für das Internet wurde. Die Vernetzung der akademischen Einrichtungen weltweit über das Internet war die Grundlage für den Erfolg aller Internet-Technologien. Die Standardisierung der Protokolle und damit eine allgemeine Offenheit und Verfügbarkeit wurde durch eine US-amerikanische Regierungseinrichtung gewährleistet.[88]

Die Standardisierung der Protokolle und der Erfolg dieser Protokolle im Internet haben eine zentrale Bedeutung für die Ausbreitung der Intranets in Organisationen. Freie Verfügbarkeit, Einsetzbarkeit auf allen Systemen und die Robustheit der Internet-Protokolle erhöhen die Akzeptanz dieser Protokolle für die Vernetzung in Organisationen.

4.1.4 HTML

HTML ist die Abkürzung für Hypertext Markup Language. Mit dieser einfachen Befehlssprache werden WWW-Dokumente, die zentralen Informationseinheiten im WWW und im Intranet, formatiert. Die HTML-Befehle legen fest, in welcher Weise und an welcher Stelle Text Grafik und andere Elemente auf dem Bildschirm erscheinen.

Die Dokumente eines Intranets müssen in HTML umgesetzt werden, damit sie mit einem Browser genutzt werden können. Der Web-Browser interpretiert die HTML-Befehle eines Dokuments und stellt es entsprechend am Bildschirm dar.

Die Erstellung von HTML-Dokumenten erfordert im allgemeinen ein gewisses technisches Know-How. Zur Erstellung der HTML-Befehle stehen zahlreiche Softwareprogramme zur Verfügung. Komplizierte Funktionen eines Intranets werden so in der Regel von speziell geschulten Mitarbeitern erstellt. Es stehen aber immer mehr einfache HTML-Editoren[89] zur

---

[87] Siehe auch „Datenpaket" im Glossar Seite 126.

[88] Vgl. Coleman und Dyson (1997), Seite 718-719.

[89] Siehe auch „HTML-Editor" im Glossar Seite 127.

Verfügung, mit denen auch die allgemeinen Anwender in die Lage versetzt werden, HTML-Seiten und damit die Inhalte des Intranets zu erstellen. Die Version 4.1 des Web-Browsers von Netscape beinhaltet beispielsweise einen Editor für HTML-Dokumente.

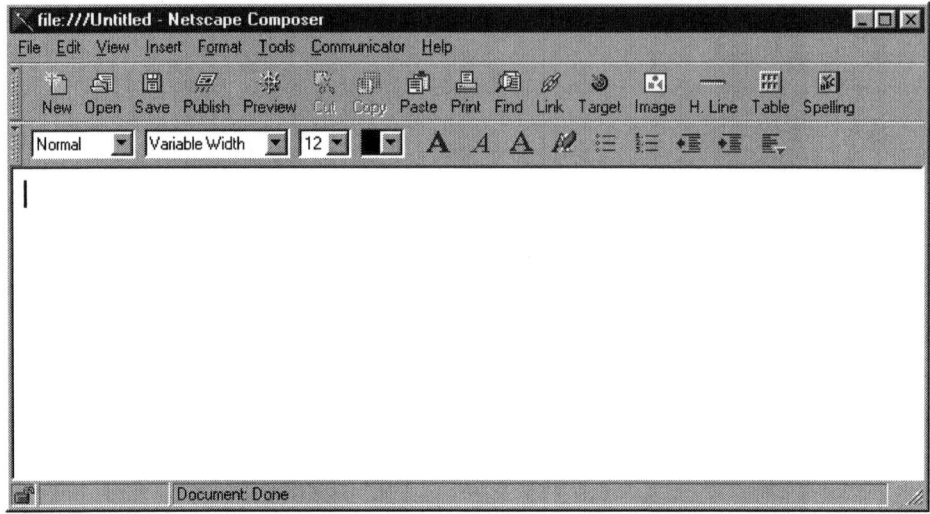

Abbildung 3: Ein einfacher Texteditor, die Zuweisung der entsprechenden HTML-Befehle erfolgt automatisch.

Die Anbieter von Office-Programmen sind außerdem dazu übergegangen, HTML-Funktionen in ihre Softwarepakete zu integrieren. So können auch HTML-Dokumente erstellt werden, ohne die speziellen Befehle nutzen zu müssen. Mit dem Textverarbeitungsprogramm Word 97 von Microsoft, einem der am weitesten verbreiteten Texterfassungsprogramme, können beispielsweise normale Textdokumente als HTML-Dokument abgespeichert werden. Dem Prinzip des Intranets, daß alle Anwender des Systems Informationen erstellen und Inhalte hinzufügen können, kann so Rechnung getragen werden.

In einem Intranet können den Anwendern Vorlagen für HTML-Dokumente zur Verfügung gestellt werden. Diese werden dann mit Inhalten gefüllt und können publiziert werden. Auch dieses Verfahren ermöglicht es breiten Kreisen in Organisationen, Informationen zu publizieren.

4.1.5 Netzcomputer – NC

NCs oder Netzwerkcomputer werden von unterschiedlichen Hard- und Softwareunternehmen entwickelt, um als Dateneingabe- und Informationsabfragestationen in Netzwerken, insbesondere im Intranet, eingesetzt zu werden. NCs sind eine preiswerte Alternative zu Desktop-Rechnern, da sie über eine geringere Hardwareausstattung als PCs verfügen und die Software über das Netz geladen wird. Zusätzlich sind Wartungs-,

Schulungs- und Installationskosten geringer, da die auf dem Server verfügbare Software zentral verwaltet wird und der Anwender weniger Unterstützung benötigt.

Durch die preiswerte Verfügbarkeit der NCs können auch Teile der Organisation an ein Intranet angebunden werden, die nicht mit PCs ausgestattet sind. Dateneingabestationen in Form von „dummen" Terminals können durch NCs ersetzt werden und den Mitarbeitern so einen Zugriff auf das Intranet ermöglichen.[90] NCs können auch an öffentlichen Orten einer Organisation aufgestellt werden, beispielsweise im Kantinenbereich, in der Bibliothek, im Eingangsbereich oder an Produktionsstandorten, um einen allgemeinen Zugang zum Intranet zu gewährleisten.

Die grundlegenden Elemente eines NC-Systems sind der Browser und der Netzwerkanschluß. Die Hardwarekomponenten sind geringer dimensioniert als bei einem PC. Ein NC funktioniert auf Client/Server-Basis, wobei die Anwendungssoftware nicht auf dem Desktop abläuft, sondern auf dem Server. Da alle Elemente über den Browser gesteuert werden, hat der Anwender eines NCs Zugriff auf alle Intranet-Funktionen. Java[91]-Anwendungen werden beispielsweise bei Bedarf vom Server heruntergeladen, der Browser ermöglicht einen Zugriff auf HTML-Seiten im Intranet oder im Internet.

4.2 Konzeptionelle Grundlagen

4.2.1 Hypertext

Die Informationen eines Intranets sind in Form eines Hypertexts aufgebaut. Die Informationsseiten im WWW bzw. im grafischen Bereich des Intranets werden mit Hilfe von HTML-Befehlen (Hypertext Markup Language) formatiert. Hypertext ist also keine Technologie im eigentlichen Sinne, sondern ein Konzept, nach dem die Informationen eines Intranets aufgebaut sind.

4.2.1.1 Definition

Hypertext ist ein Verfahren zur non-linearen Anordnung von Informationen. Der Leser eines Hypertexts sucht sich anhand von assoziativen Verknüpfungen die Informationen aus dem Hypertext heraus, die für ihn interessant sind.[92] Die wichtigsten Merkmale eines Hypertexts sind:

- Knoten – Ein Hypertext besteht nicht wie ein Buch aus einer linearen Anordnung eines Textes, sondern aus Informationseinheiten, die auch als Knoten oder Nodes bezeichnet werden. Enthält ein Knoten anderes als Textinformationen, beispielsweise Grafiken, Videos, Sound usw., spricht man von Hypermedia.[93] Ein Hypertext wird genutzt, indem relevante Informationseinheiten nacheinander aufgerufen werden.

---

[90] Vgl. Span (1996), Seite 62.

[91] Siehe auch „Java" im Glossar Seite 128.

[92] Vgl. Shneiderman und Kearsley (1989), Seite IXX.

[93] Vgl. Jonassen, (1989), Seite 7.

- Verknüpfungen – Verknüpfungen oder Links sind die Verbindungen zwischen den Informationseinheiten. Verknüpfungen werden im Hypertext durch Verweise gekennzeichnet. In einer Informationseinheit befinden sich markierte Verweise auf andere Informationseinheiten, die mit den gerade abgerufenen Informationen in Verbindung stehen.

4.2.1.2 Navigation durch die Informationen

Wenn Informationen in einer Hypertextstruktur miteinander verknüpft sind, ist ein kreatives, nicht-lineares Informationsnutzungsverhalten möglich. Für dieses Verhalten werden die Begriffe „Navigation", „Browsing" oder „Surfen" verwendet. In der netzartig verknüpften Struktur der Hypertextsysteme ist Navigieren einfacher zu realisieren als in Büchern, Datenbanken oder Bibliotheken.

Bei einem derartigen Informationsnutzungsverhalten kann das eigentliche Ziel der Suche allerdings verloren gehen. Neue Verknüpfungen erscheinen interessanter und der Benutzer folgt diesen Links. Bei der zielgerichteten Informationsnutzung, wie sie in einem Intranet vorkommt, wird in der Literatur dieses ziellose Navigieren zum Teil negativ bewertet.[94] Das zufällige Auffinden und das Verfolgen anderer Informationsketten kann aber das Organisationale Lernen fördern, das als ein Grundelement moderner Organisationsformen gilt.[95] Das „Lost in Hyperspace"-Phänomen, bei dem der Nutzer an einem nicht relevanten Informationspunkt angekommen ist und den Suchpfad nicht mehr nachvollziehen kann, ist aber in jedem Fall negativ zu bewerten.

Darüber hinaus ergeben sich für den Benutzer in einem hypertextuell organisierten Informationssystem zahlreiche Orientierungsprobleme. Die Position im Verhältnis zum Gesamtinformationsbestand kann ungewiß sein. Es kann Unsicherheit darüber herrschen, wie man zu bestimmten Informationseinheiten gelangen kann. Durch den netzartigen Aufbau ist der Einstiegspunkt in das Informationssystem nicht immer eindeutig. Der Benutzer kann Probleme haben, den optimalen Pfad durch die Informationen zu finden. Darüber hinaus ist es schwierig, Informationen wiederzufinden, die bei einer vorausgegangenen Navigation durch das System aufgefallen sind. Auch in Hypertextsystemen bleibt die allgemeine Unsicherheit bestehen, ob alle relevanten Informationen gefunden wurden.[96]

In Hypertextsystemen können aber zahlreiche Orientierungshilfen zur Verfügung gestellt werden, die die genannten Einschränkungen der Funktionalität des Systems verhindern oder abmildern. Dazu gehören konventionelle Orientierungshilfen wie Inhaltsverzeichnisse, Verweise, Glossare oder Register. Der Vorteil dieser aus traditionellen Informationsmedien wie Büchern und Zeitschriften bekannten Hilfen ist, daß die Benutzer bereits gewohnt sind, sie anzuwenden. Darüber hinaus wurden für Hypertexte weitere Orientierungshilfen entwickelt. Verknüpfungen werden beispielsweise durch spezielle Formatierungen wie Farbe

---

[94] Vgl. Kuhlen (1997), Seite 361.

[95] Siehe Kapitel 6.3

[96] Vgl. Kuhlen (1997), Seite 363.

oder Unterstreichung gekennzeichnet. Suchanfragen können von jeder Ebene gestartet werden. Durch graphische Übersichten der Inhalte bleibt der Gesamtkontext der Informationen beherrschbar. Autoren oder automatische Systemfunktionen können Informationspfade vorschlagen, durch die zwar das Prinzip der freien Suche aufgegeben, dem Benutzer aber eine Orientierung geboten wird. Darüber hinaus kann der Benutzer auf Dialoghistorien zurückgreifen und so zu vorhergehenden Informationspunkten gelangen. Der Benutzer kann Markierungen, sogenannte Bookmarks, setzen und bei späterer Nutzung des Hypertextsystems wieder aufrufen.

4.3 Systemkomponenten für Information, Kommunikation und Anwendung

4.3.1 E-Mail

E-Mail ist eine der grundlegenden Kommunikationsformen im Intranet, da es den Austausch von Nachrichten zwischen den Mitgliedern innerhalb der Organisation sowie mit Außenstehenden ermöglicht.

E-Mail ist die Kurzform von Electronic Mail, also der elektronischen Post, die dem direkten, persönlichen Informationsaustausch dient. Mit Hilfe von E-Mail werden Nachrichten an andere Nutzer im organisationsinternen Netzwerk, über das Internet oder andere Online-Dienste verschickt. Zum Verschicken und Empfangen von E-Mails werden die unterschiedlichsten Softwareprogramme eingesetzt.

Eine E-Mail-Nachricht wird am Computer verfaßt und von einem E-Mail-Programm an die E-Mail-Adresse des Empfängers verschickt. Wenn die E-Mail beim Empfänger eintrifft, wird sie in einem elektronischen Briefkasten abgespeichert. Die Übertragungzeit ist im Vergleich zur herkömmlichen Briefpost sehr gering, in internen Netzen beträgt sie wenige Sekunden. Der Empfänger kann sich den Inhalt der Nachricht ansehen und die empfangenen Daten weiterverarbeiten.

E-Mail ist bereits ein weit verbreitetes Medium für den Informationsaustausch und die Kommunikation. Sowohl im professionellen als auch im privaten Bereich ist der Austausch von E-Mails eingeführt. Die Individuen haben Strukturen und Verhaltensmuster für den Umgang mit E-Mail entwickelt. Eine Studie von Forrester Research prognostiziert für die USA eine Anwenderbasis von 130 Millionen Menschen im Jahr 2000. 1996 nutzten bereits 15 Prozent der Bevölkerung E-Mail, Nach der Jahrtausendwende wird jeder zweite in den USA E-Mail als Kommunikationsmedium nutzen.

Auch die Nutzungshäufigkeit von E-Mails hat bereits signifikante Ausmaße erreicht. Eine Studie von Jupiter Communications zufolge, werden allein von den 8,5 Millionen Mitgliedern des Online-Dienstes AOL pro Tag 7 Millionen E-Mails an 12 Millionen Empfänger versandt.

Durch den Einsatz von E-Mail kommt es zu einer zeitlichen Entkopplung von Kommunikationspartnern. Diese asynchronen Kommunikationsvorgänge setzen nicht mehr die gleichzeitige Präsenz von Sender und Empfänger voraus. Eine Synchronisation des Informationsaustausches ist nicht mehr oder nur noch in geringem Maße erforderlich.[97]

E-Mails ermöglichen zahlreiche Funktionen, die für die Kommunikation innerhalb der Organisation von Bedeutung sind:

- E-Mails liegen in elektronischer Form als Datei vor und können daher leicht weiterverarbeitet, archiviert oder um andere Elemente erweitert werden.

- E-Mails sind eine sehr schnelle Form der schriftlichen Kommunikation. Sie können je nach Übertragungsweg bereits Sekunden nach dem Absenden beim Empfänger eingehen.

- E-Mails sind flexibel, da sie anders als beispielsweise Telefonate zeitlich versetzt empfangen und sogar versendet werden können.

- E-Mails können andere Informationselemente als Text enthalten, beispielsweise Grafiken, Sounds oder Dateien.

- E-Mail-Adressen können schnell aus Adreßlisten übernommen werden. In einem Intranet können für alle Mitarbeiter oder für bestimmte Gruppen Adreßlisten bereitgestellt werden.

- E-Mails können an beliebig viele Adressaten versandt werden. So lassen sich Serienbriefe, Rundschreiben und andere Massensendungen realisieren.

- E-Mails können auf einfache Weise beantwortet und weitergeleitet werden. Auf diese Weise lassen sich Argumentationsketten bilden. Interessante Informationen werden schnell an betroffene Personen übermittelt, die der Absender aus unterschiedlichsten Gründen nicht berücksichtigt hat.

- E-Mails lassen sich schneller erstellen, als vergleichbare Briefnachrichten.

- Der Status einer E-Mail kann auch nach dem Absenden weiter verfolgt werden. Der Absender kann beispielsweise ermitteln, ob die E-Mail abgeschickt oder vom Empfänger geöffnet wurde.

- Ein fehlgeschlagener Kommunikationsversuch wird schnell bemerkt. Falsch adressierte E-Mails werden mit einer entsprechenden Meldung an den Absender zurückgeschickt.

- Ähnlich wie bei einem Anrufbeantworter können per E-Mail Standardantworten verschickt werden, beispielsweise eine Empfangsbestätigung oder der Termin der voraussichtlichen Bearbeitung.

Der Informationsaustausch per E-Mail in Organisationen hat aber auch einige strukturelle Nachteile:[98]

---

[97] Vgl. Frese und Werder (1992), Spalte 388-389.

[98] Netscape (1996): White Paper: „Intranet Solutions – The New Way to Share Workgroup Information". http://www.netscape.com

- Die Adressierung ist unsicher – E-Mails können an eine oder mehrere Personen in der Organisation verschickt werden. Beim Absender herrscht Ungewißheit, wer alles an den Informationen interessiert sein könnte. Dies führt dazu, daß eine E-Mail an zu viele oder zu wenig Empfänger verschickt wird. Im ersten Fall tritt bei den Empfängern eine Informationsüberflutung mit unwichtigen Mitteilungen ein. Im zweiten Fall fehlen entscheidende Informationen.

- E-Mails sind nicht persistent – E-Mails und eingefügte Dokumente sind nur beim Absender sicher permanent verfügbar. Die Empfänger speichern Nachrichten in den meisten Fällen nur kurzfristig. Die Verfügbarkeit der Informationen ist so nicht gewährleistet. E-Mails sind nicht eindeutig der Kategorie Dokument oder Nachricht zuzuordnen.

- Redundanz – E-Mails belasten durch redundante Informationen und Daten die Speicher und Leistung des Netzwerksystems. Anhänge werden beispielsweise an alle Empfänger als Kopie verschickt und dort oft standardmäßig gespeichert.

- Informationsverlust durch Inkompatibilität - die unterschiedlichen proprietären E-Mail-Systeme verursachen Störungen in der Kommunikation. Zur Nutzung der Anhänge stehen nicht immer die passenden Anwendungen beim Empfänger zur Verfügung.

- Sicherheit – Eine E-Mail passiert auf dem Weg zum Empfänger zahlreiche Knoten im Netzwerk bzw. im Internet. Unverschlüsselte Nachrichten können theoretisch an jedem Punkt des Netzes von Dritten gelesen werden.

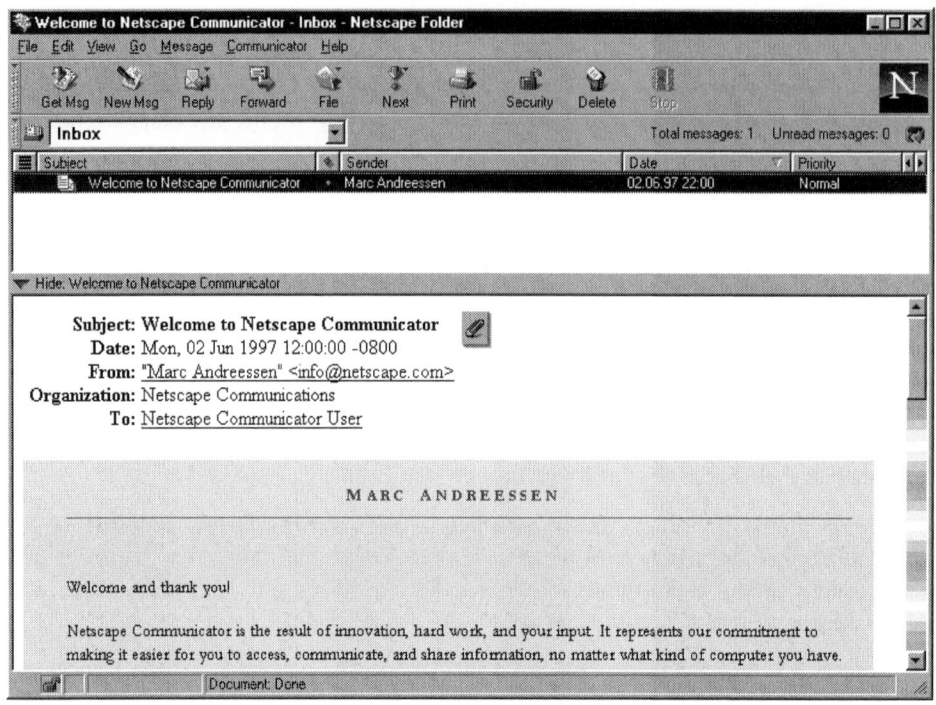

Abbildung 4: E-Mail-Funktionen sind in den Browser integriert

Der zunehmende Einsatz von E-Mails führt außerdem zu einer stärkeren Verbreitung von Computerviren. Nach Einschätzung der amerikanischen National Computer Security Association (NCSA) hat sich der Befall mit Computerviren in den USA im Jahr 1996 fast verdreifacht und das, obwohl auf 73 Prozent der in der Untersuchung berücksichtigten Systeme Antivirensoftware eingesetzt wurde. E-Mails sind dabei einer der Hauptgründe für die Verbreitung von Viren. Durch E-Mails werden vor allem Makroviren verbreitet, die Text- und andere Dokumente befallen, die in E-Mails als Anhang versandt werden.

4.3.2 Newsgroups

Newsgroups sind ein Medium zur Kommunikation und zum Informationsaustausch im Internet oder Intranet. In einer Newsgroup werden bestimmte Themen von einer interessierten Gruppe an Personen in schriftlicher Form diskutiert.

Dazu werden von den einzelnen Teilnehmern Artikel zum Thema der Newsgroup veröffentlicht. Der Artikel kann von anderen Teilnehmern der Newsgroup zeitversetzt gelesen und durch einen eigenen Artikel kommentiert werden. Die Artikel enthalten Neuigkeiten, Praxisberichte, Fragen, Antworten, Hilfestellungen und Diskussionsbeiträge. Jeder kann eigene Newsgroups zu bestimmten Themen einrichten oder Untergruppen zu allgemeinen, bereits vorhandenen Themengruppen initiieren.

Da jeder Benutzer Beiträge zu Newsgroups hinzufügen kann, führt dies zu umfangreichen Informationsmengen in den Newsgroups, die zum Teil redundant oder irrelevant sind. Das Sichten der Inhalte der Beiträge einer Newsgroup erfordert einen nicht unerheblichen Zeitaufwand. Der Anwender muß eine Nutzungskompetenz für Newsgroups entwickeln, um unwichtige Beiträge von relevanten schnell unterscheiden zu können.

Newsgroups können über einen Browser genutzt werden, in den ein News-Reader als Plug-In integriert ist. Derartige News-Reader sind bereits in viele Browser integriert oder können als kommerzielle oder Shareware-Version hinzugefügt werden.

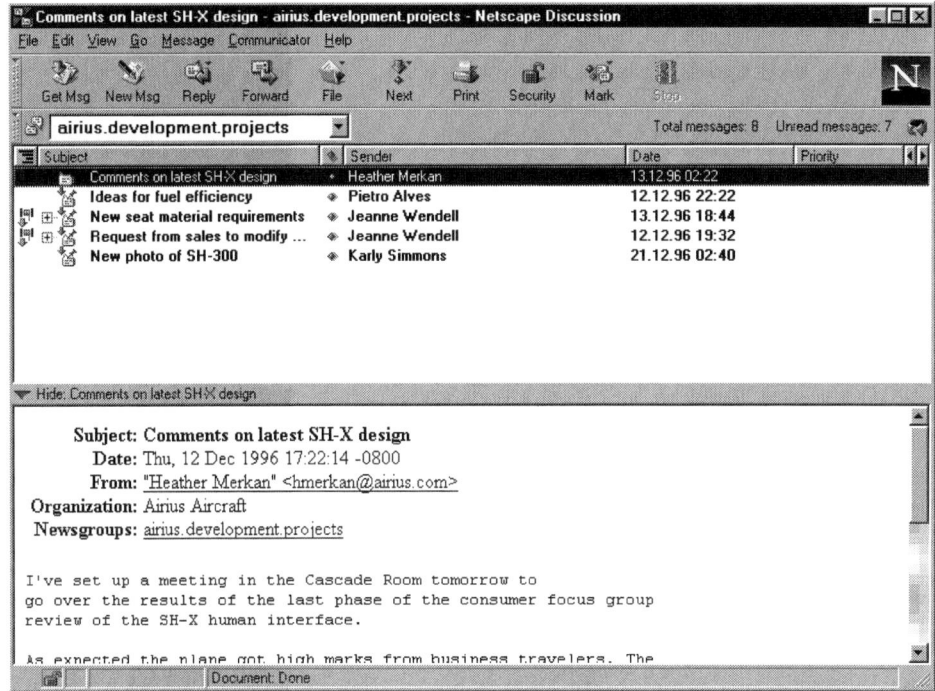

Abbildung 5: Eine Newsgroup-Diskussion aus der Projektentwicklung

Die Vorteile einer Newsgroup sind:

- Themenbezogenheit – die Informationen zu einem Thema werden gebündelt angeboten.

- Zeitversetzte Information – Die Diskussionsbeiträge bleiben, anders als bei persönlichen Gruppendiskussionen, längerfristig erhalten. Neue Organisationsmitglieder können mit Hilfe der Beiträge den gleichen Informationsstand wie die restlichen Mitglieder erreichen.

- In einer Newsgroup können sich Individuen aus den unterschiedlichsten Organisations-bereichen austauschen. Auf diese Weise werden neue Sichtweisen und Impulse eingebracht.

Newsgroups sind ebenfalls im Internet ein häufig genutzter Dienst. Dort sind ca. 20.000 Newsgroups zu diversen Themen verfügbar.[99] In einem Intranet sollte nicht nur ein Zugang zu den organisationsinternen Newsgroups gewährleistet werden, sondern auch zu relevanten Newsgroups im Internet. Auf diese Weise ist es möglich auf organisationsexternes Wissen zuzugreifen und dieses in den organisationalen Wissensbestand einfließen lassen.

4.3.3 Chats

Chat-Technologie und Verfahren sind aus dem Internet und proprietären Online-Diensten bekannt (Chat = engl. Unterhaltung). Mit Hilfe einer Chat-Funktion können mindestens zwei Personen, die sich an unterschiedlichen Standorten befinden, eine schriftliche Diskussion führen. Ähnlich wie bei einer Konferenz finden sich ein begrenzter Personenkreis zu einem festgelegten Zeitpunkt zusammen, um über ein bestimmtes Thema zu diskutieren. Der Unterschied zur herkömmlichen Konferenz ist die räumliche Unabhängigkeit sowie die schriftliche Form der Kommunikation.

Durch Chats können andere Formen der direkten Kommunikation, wie teure Fern-gespräche oder Videokonferenzen zwischen den einzelnen Standorten einer Organisation, ersetzt werden. Chats dienen häufig dem schnellen, unkoordinierten Gedankenaustausch zwischen Teammitgliedern, die sich nicht am selben Ort befinden.[100]

---

[99] Vgl. Schätzler und Eilingsfeld (1997), Seite 37.

[100] Vgl. Hills, (1997), Seite 14.

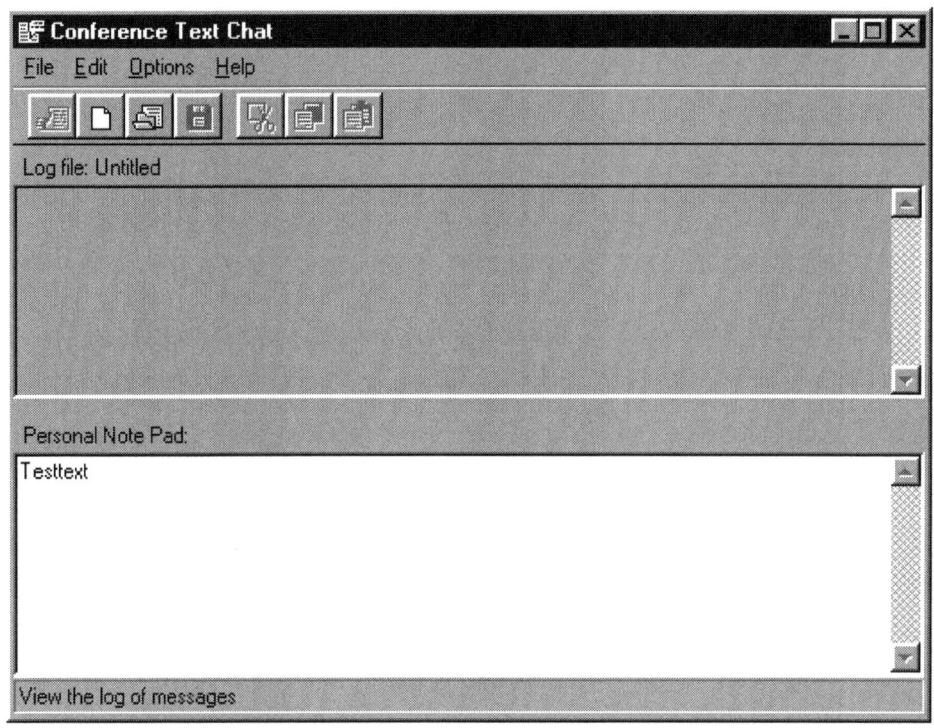

Abbildung 6: Chat-Funktion eines Browsers – im oberen Bereich werden die schriftlichen Äußerungen der Teilnehmer eingeblendet, im unteren Bereich werden eigene Nachrichten eingegeben.

4.3.4 Videokonferenz

Gruppenarbeit nimmt in Organisationen in den Bereichen Projektplanung, Projektdurchführung und Projektentwicklung an Bedeutung zu. Da nicht alle Mitglieder einer Gruppe immer am gleichen Standort der Organisation präsent sind, sondern in manchen Fällen weltweit verteilt tätig sind, wird die direkte, persönliche Konferenz durch die Videokonferenz ersetzt. Die Integration dieser bisher sehr teuren Technologie in das Intranet ermöglicht die persönliche, informelle Kommunikation der Gruppenmitglieder. Durch eine Erweiterung des Intranets um die Videokonferenzfunktion können zwischen den entfernten Gruppenmitgliedern visuelle Informationen ausgetauscht werden. Diese Informationen können direkten Zielen dienen, wie die Demonstration eines Handgriffs beim Telelearning oder der Ferndiagnose in der Medizin. Videokonferenzen erfüllen aber auch informelle Zwecke, indem die Gruppenmitglieder einen persönlichen Eindruck von Personen gewinnen, die vorher nur durch Telefongespräche oder schriftliche Kommunikation bekannt waren.

Die Übertragung von Videodaten ist im Intranet vor allem wegen ungenügender Bandbreiten bei der Datenübertragung beschränkt. In einem Intranet stehen zwischen den

Standorten oft Standleitungen zur Verfügung, die über eine ausreichende Kapazität für Videokonferenzen verfügen. Die Videoinformationen werden über ein Kamerasystem aufgenommen und dann über das Netzwerk, das Internet oder ein WAN übertragen.

4.3.5 Java

Java ist ein objektorientierte Programmiersprache, die von Sun Microsystems entwickelt wurde. Java wurde ursprünglich zur Steuerung von Haushaltsgeräten und ähnlichem entwickelt, heute wird Java zur Programmierung von Spezialanwendungen für das Internet und Intranets genutzt.

Die in Java programmierten Anwendungen für HTML-Seiten werden als Applets bezeichnet. Applets werden, nachdem sie über einen Browser aktiviert werden, von einem Server geladen und dann auf einem lokalen Computer ausgeführt. Die Programme werden also nicht mehr lokal auf jedem Rechner gehalten, sondern müssen nur noch auf dem Server implementiert werden. Dies führt zu geringeren Wartungs-, Support- und Verwaltungskosten.

Die Plattformunabhängigkeit, ein entscheidendes Charakteristikum von Intranets, ist durch Java gewährleistet. Java-Applets können mit Hilfe der entsprechenden Interpreter auf unterschiedlichen Computerplattformen eingesetzt werden. Voraussetzung ist, daß der eingesetzte Browser Java-Funktionen unterstützt. Dies wird allerdings von den neueren Versionen der Browser gewährleistet.[101]

4.3.5.1 Büroanwendungssoftware auf Basis von Java

In den Organisationen kommen vor allem im Verwaltungsbereich sogenannte Office-Programme zum Einsatz. Dies ist Standardsoftware für Anwendungsbereiche wie Textverarbeitung, Tabellenkalkulation, einfache Datenbanken und Präsentationen. Einige Produzenten dieser Softwareprogramme sind dazu übergegangen, Anwendungen in Java zu programmieren, um sie speziell in Intranets einzusetzen. Diese Anwendungen basieren auf dem Client/Server-Modell, bei dem die Applikationen und alle erforderlichen Komponenten auf dem Server gespeichert sind und bei Bedarf auf den Client des Anwenders heruntergeladen werden. Ein Beispiel für eine derartiges Office-Paket ist Corel Office for Java.[102]

Die Funktionen des Office-Pakets werden über einen Browser gestartet. Auf einem Desktop sind alle Anwendungsprogramme abgelegt, die zum Start des entsprechenden Programms angeklickt werden müssen. Im Browser wird nach dem Öffnen des Programms angezeigt, daß zur Zeit ein Applet läuft.

---

[101] Vgl. Kyas (1997), Seite 206-207.

[102] Informationen zu Corel Office for Java sind unter http://www.corel.com publiziert.

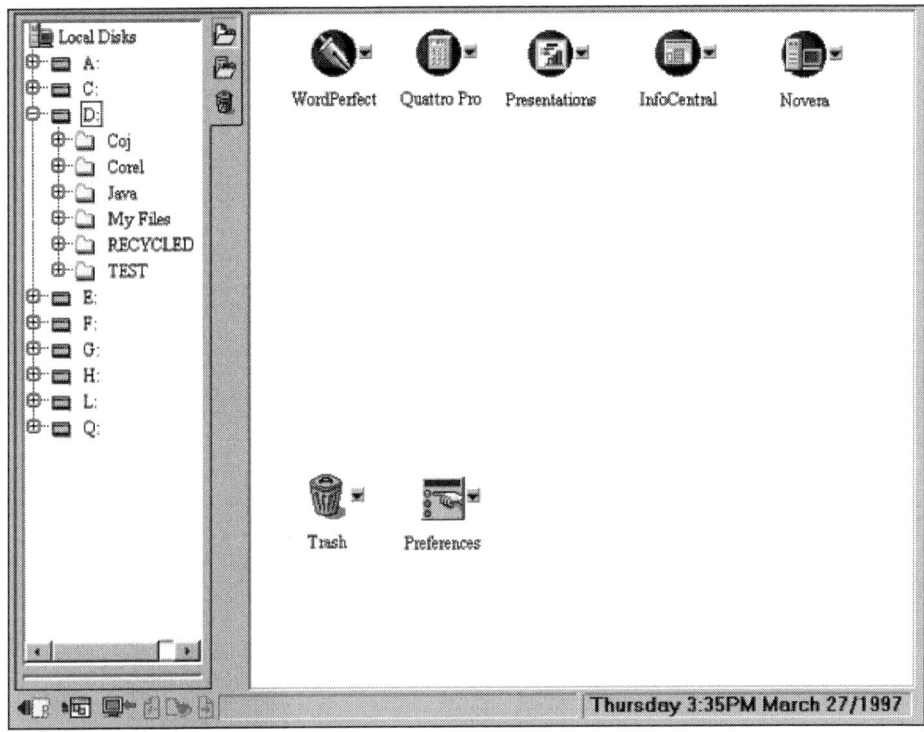

Abbildung 7: Corel Office for Java - die Auswahl der einzelnen Anwendungen erfolgt über den Browser[103]

Durch dieses Prinzip ist es möglich, die Programme plattformunabhängig in der gesamten Organisation einzusetzen. Mit einem beliebigen Browser können die Programme auf PCs, Macintosh-Rechnern oder NCs eingesetzt werden. Anwender, die per Fernvernbindung angeschlossen sind, können die zentral auf dem Server gespeicherten Anwendungen ebenfalls nutzen.

Entscheidend für die Verbreitung derartiger Anwendungen in Organisationen und den verschiedenen Anwendungsbereichen ist die Verfügbarkeit der Programme. Laut Marktprognosen von Forrester Research sind im Jahr 1996 200 Applets und 45 Geschäftsanwendungen auf Java-Basis verfügbar. Für die unterschiedlichen Anwendungsbereiche in Organisationen stehen, wenn sich die prognostizierten Wachstumsraten realisieren, ausreichend Software zur Unterstützung zur Verfügung.

---

[103] Quelle: Corel Inc.

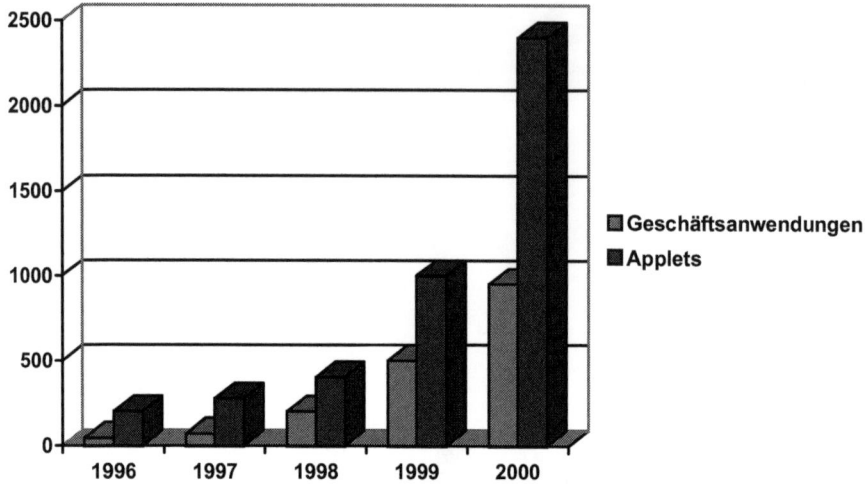

Diagramm 10: Prognostizierte Anzahl an Anwendungen auf Java-Basis[104]

4.3.6 Datenbankanbindung

4.3.6.1 Interne Datenbanken

Organisationen speichern komplexe Informationsbestände in Datenbanken, um sie den Mitgliedern in geeigneter Form zur Verfügung zu stellen. Daten können in relationalen Datenbanken, Verzeichnisstrukturen, Text/Dokumentdatenbanken, Multimediaarchiven usw. abgelegt sein. Fordert der Anwender eines Intranets über den Browser eine Information an, ist es die Aufgabe des Servers, auf die Informationen zuzugreifen, die Daten zu verarbeiten und dann an den Browser im HTML-Format zu übertragen. Spezielle Dokumentformate werden dort mit Hilfe von Plug-Ins dargestellt.[105]

4.3.6.2 Externe Datenbanken

Die Einbindung externer Informationsquellen erschließt einer Organisation externe Informationsbestände. Professionelle Datenbanken sind vor allem für Wirtschafts-organisationen und Forschungseinrichtungen von entscheidender Bedeutung, da sie für unternehmensinterne Prozesse und Forschungen wichtige Informationen enthalten, die anderweitig nicht oder nur unter großem Aufwand zu beziehen sind (Patentinformationen, Konkurrenzanalysen usw.).

Datenbankanbieter wie beispielsweise Genios Wirtschaftsdatenbanken bieten in zu-nehmendem Maße den Zugriff auf die Inhalte über das Internet. Die Anbindung derartiger

---

[104] Quelle: Forrester Research

[105] Vgl. Span (1996), Seite 61.

Angebote an das Intranet einer Organisation ermöglicht die Recherche in professionellen Informationsdatenbanken auf Ebene der Endanwender.[106]

Einer Studie von Cowles/Simba[107] zufolge werden im Jahr 2000 20 Prozent der Umsätze im Bereich der professionellen Informationsvermittlung über das Internet bzw. über Intranet-Systeme abgewickelt.

Zunehmend entdecken Datenbankanbieter neue Marktchancen im Bereich Intranet. Organisationen werden relevante Datenbestände angeboten, die im Intranet den Mitgliedern der Organisation zur Verfügung gestellt werden und so die Informationsquellen erweitern. Reuters und MAID bieten beispielsweise in Zusammenarbeit mit der British Telecom ein Intranet-Paket an, das Datenbestände aus unterschiedlichen Datenbanken erhält.[108]

---

[106] http://www.rp-online.de

[107] Cowles Simba Information ist ein Publikations- und Beratungsunternehmen, das Newsletter, Forschungsberichte, Online-Angebote, Bücher usw. zu den Themen Interaktive Medien, Informationsvermittlung und DTP publiziert. Darüber hinaus werden Konferenzen und Kundenberatungen durchgeführt. http://www2.simbanet.com.

[108] Vgl. Information World Review September 1997, Seite 3.

5 Einsatzbereiche eines Intranets

Intranets sind ein integriertes Informations- und Kommunikationssystem für Organisationen in ihrer Gesamtheit. Innerhalb der einzelnen Bereiche der Organisation kommen diese Informations- und Kommunikationsbestandteile allerdings in unterschiedlicher Funktion und Intensität zur Anwendung. In einigen Subsystemen der Organisationen kommen vorwiegend Informationsfunktionen zum Einsatz, andere nutzen die Bestandteile zum Gruppenmanagement oder zur Ablaufsteuerung. Durch die übergreifende Nutzung des Intranets in der gesamten Organisation kommt es darüber hinaus zu einer Vernetzung der Abteilungen.

5.1 Information und Kommunikation in Organisationen

Das Intranet ermöglicht eine umfassende Informationsverteilung an alle Mitglieder und sorgt, sofern alle Personen gleichberechtigten Zugang haben, für Informationstransparenz in der Organisation sowie für zusätzliche Synergieeffekte. Informationen stehen jederzeit zur Verfügung, werden direkt verteilt und alle Vorgänge sind dokumentiert. Es kann ein Informationspool geschaffen werden, der Datenbanken, Dokumente, Schulungsmaterial, Telefonlisten, Formulare, Preislisten usw. enthält.

Bisher wurden die meisten Informationen in Organisationen als gedrucktes Material, beispielsweise als Handbücher, Rechtsschriften, Preislisten, Vertriebsanweisungen, Parteizeitungen usw. verbreitet, deren Produktion und Verteilung kostspielig und zeitaufwendig ist. Außerdem ist der Zugang zu diesen Informationen auf eine kleine Gruppe begrenzt. Außenstehende Organisationseinheiten wie Zweigstellen, Außendienst und Niederlassungen in anderen Ländern sind vom Informationsfluß abgeschnitten oder erhalten die Informationen verspätet.

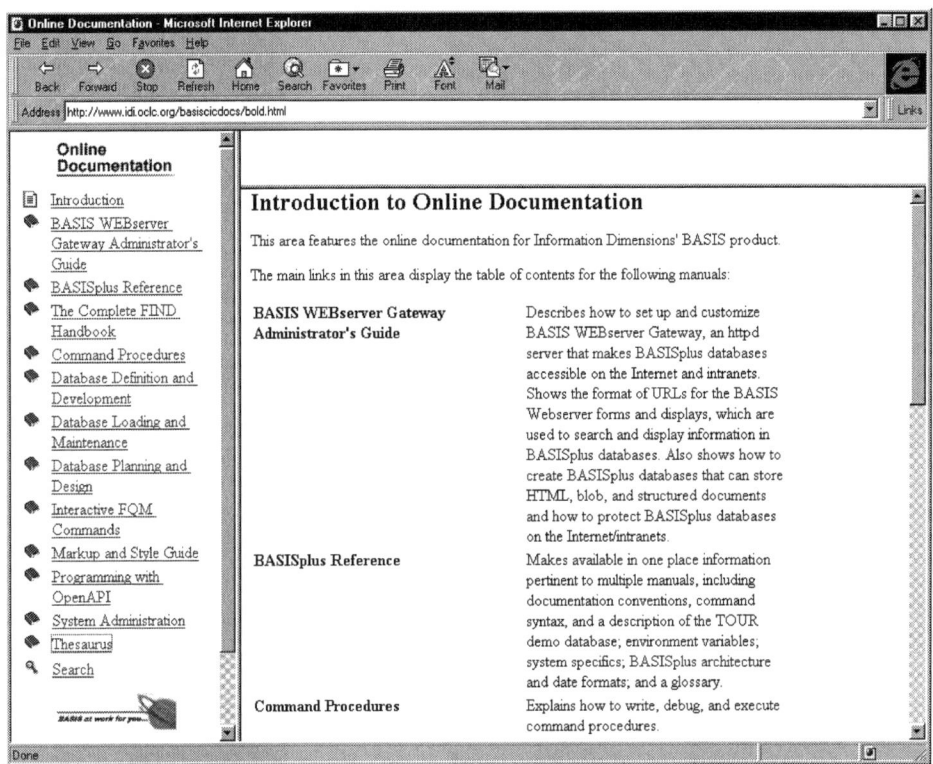

Abbildung 8: Ein Informationssammlung mit Dokumenten, Handbüchern, Thesaurus und Suchfunktion

Intranets betreffen die Informations- und Kommunikationsflüsse auf Abteilungs-, Organisations- und globaler Ebene. Das Intranet bietet den Zugang zu einer Vielzahl von Informationen. Darüber hinaus bietet es auch weiten Teilen der Organisation die Möglichkeit, Informationen zu erstellen und zu veröffentlichen. Die Nutzung der Möglichkeiten variiert, je nach Zielorientierung der Organisation.

Die Kommunikation kann dabei in verschieden Richtungen verlaufen. Bei der Kommunikation, die nur in eine Richtung verläuft, werden von Abteilungen oder bestimmten Organisationseinheiten Informationen im Intranet veröffentlicht, die die Mitglieder zur Aufgabenerfüllung oder zur allgemeinen Information benötigen, beispielsweise Telefonlisten, Produktbeschreibungen, Preislisten, Regelwerke etc. Eine vielschichtigere Form der Kommunikation verläuft in diverse Richtungen, so daß unilaterale, bilaterale und multilaterale Kommunikationsformen je nach Anwendungsbereich ausgewählt werden können. Das Intranet ist das Zentrum für den Austausch von Informationen und für die Zusammenarbeit in Arbeitsgruppen, beispielsweise in Diskussionsforen, Videokonferenzen, Newsgroups etc.

5.2 Marketing

Marketing ist vor allem in den Organisationen ein wichtiges Subsystem, die im regen Austausch mit der Umwelt stehen. Vor allem Anbieter von Dienstleistungen und Produkten betreiben Marketing, beispielsweise Unternehmen, Stadtverwaltungen, Museen, Verbände usw. Das Marketing stellt eine kommunikative Verbindung zur Umwelt dar. Die Internet-Aktivitäten einer Organisation sind häufig im Verantwortungsbereich der Marketingabteilung angesiedelt.

Der Einsatz moderner Informationstechnologien führt im Bereich Marketing zu folgenden Auswirkungen:[109]

- Umfassende Informationsverfügbarkeit

- Mehr Transparenz über Markstrukturen und Kundensegmente

- Neue und differenziertere Formen der Marktsegmentierung

- Entstehen neuer Märkte (Kunden, Produkte, Dienstleistungen)

- Stärkere Wettbewerbsintensität

- Entpersonalisierung der Kunden/Lieferanten-Beziehungen sowie der unternehmens-internen Beziehung

- Effizienzsteigerung

- Kostensenkung

- Zeitgewinn durch Prozeßablaufbeschleunigung

- Qualitätssteigerungen durch Eliminierung von Fehlerquellen

- Verstärkte Globalisierung

Information und Kommunikation haben im Bereich Marketing eine besondere Bedeutung. Die Verantwortlichen im Bereich Marketing benötigen Informationen bzw. Kommunikationsschnittstellen zu folgenden Aufgabenschwerpunkten:[110]

- Werbung, Verkaufsförderung, Öffentlichkeitsarbeit

- Produktion und Produktionsplanung, Dienstleistungen und Dienstleistungsentwicklung

- Distribution, Service, Kundendienst

- Produkte und Dienstleistungen

- Preispolitik

---

[109] Vgl. Laker und Petersdorf (1997), Seite 46.

[110] Vgl. Tauber (1975), Seite 217 und 243.

- Investitionsplanung

- Entwicklung von Marketingkonzepten

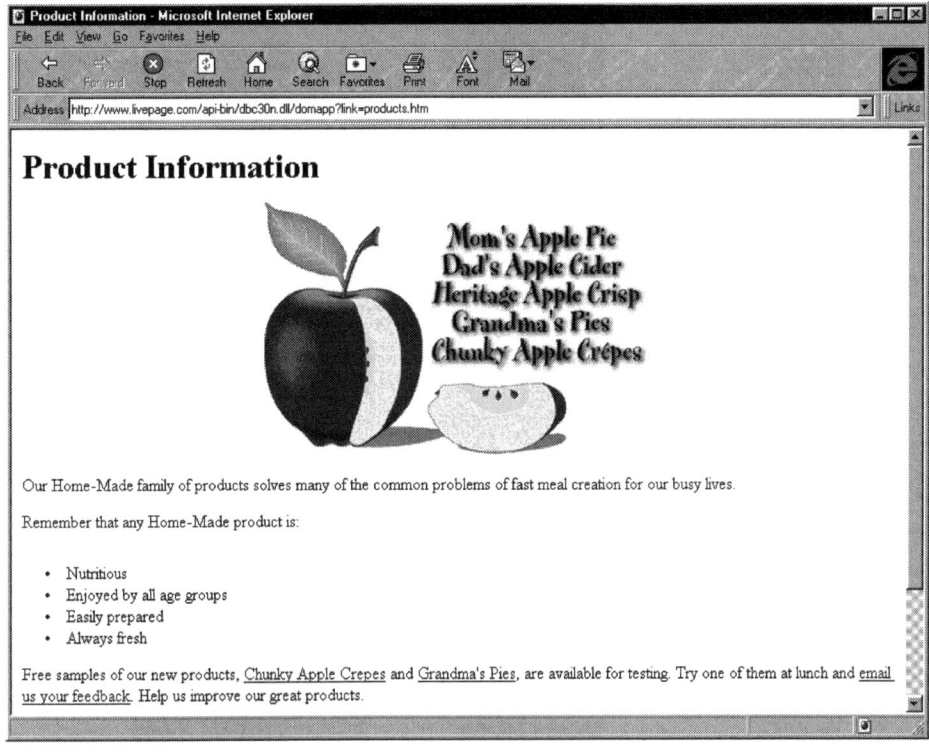

Abbildung 9: Produktinformationen, die vom Marketing für andere Abteilungen bereitgestellt werden

Die Informationen, die von anderen Abteilungen im Intranet bereitgehalten werden, können von der Marketingabteilung für ein individualisiertes Marketing genutzt werden. Ein derartiges Mikromarketing kann auf individuelle Bedürfnisse von Gruppen und Einzelkunden abgestimmt werden. Als Basis können beispielsweise auf Kundenprofilen basieren, die von Vertriebspersonen, die über direkten Kundenkontakt verfügen, eingegeben wurden.

Die Kommunikation per Intranet können Marketing, Vertrieb, Produktentwicklung und Management die jeweiligen Aufgaben untereinander abstimmen. Reaktionen der Kunden, Termine, Probleme, Vorschläge usw. können per Intranet kommuniziert werden. Die Aufteilung in Abteilungen wird so aufgelöst oder zumindest aufgeweicht. Die gemeinsame, abteilungsübergreifende Bearbeitung von Projekten führt zu einem besseren Verständnis der Probleme und Anforderungen der anderen Teilsysteme der Organisation.[111]

5.3 Vertrieb

Der Absatz der Produkte und Dienstleistung erfolgt in Unternehmen über den Vertrieb. Eines der Probleme besteht darin, das Vertriebspersonal, also den Außendienst und die Vertiebskanäle, rechtzeitig mit Vertriebs- und Marketinginformationen zu versorgen. Dieses wird um so problematischer, je globaler und umfangreicher die Vertriebsstruktur eines Unternehmens ist. Die Vertriebsmitarbeiter sind bei Präsentationen, geschäftlichen Gesprächen und Vertragsverhandlungen auf umfassende, aktuelle Informationen angewiesen.

In einem Intranet können folgende vertriebsrelevante Informationen veröffentlicht werden:

- Verkaufspräsentationen (zum Herunterladen[112] oder Direktstart auf dem Server)

- Produktinformationen

- Preislisten

- Informationen über Geschäftskontakte, Kunden, Konkurrenzunternehmen

- Informationen über Vertriebskampagnen, Rabatte, Werbemaßnahmen

- Vertriebstraining

- Protokollierung der Verhandlungen, Geschäftsabläufe

- Ausfüllen von Formularen (Bestellungen, Statusberichte, Lieferungen)

- Kommunikation mit anderen Teilen des Unternehmens

- Erstellung von Wettbewerbsanalysen, Entwicklungstrends, Berichte über lokale Konkurrenzunternehmen, bei denen die Vertriebsmitarbeiter einen besseren Einblick haben

Der Einsatz informationstechnischer Systeme im Kundenkontakt kann negativ wirken, da die Schnittstelle der Kommunikation einem technischen System überlassen wird. Erfolgreiche und dauerhafte Beziehungen bestehen aber häufig aufgrund persönlicher, informeller Bindungen. Die Aufgabe persönlicher Kontakte muß durch entsprechende Bindungskonzepte kompensiert werden.[113] Das Intranet ermöglicht durch einfache Bedienung, grafische Gestaltung und zahlreiche Kommunikationsfunktionen informelle Beziehungen.

---

[111] Vgl. Martin (1997), Seite 83.

[112] Siehe auch „Download" im Glossar Seite 126.

[113] Vgl. Laker und Petersdorf (1997), Seite 46.

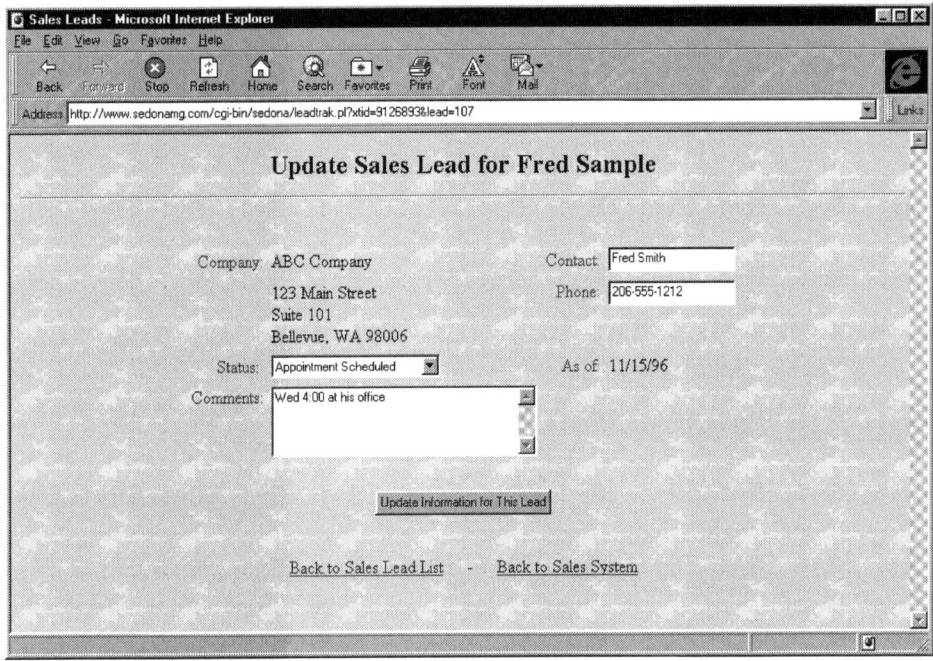

Abbildung 10: Die Bearbeitung von Kontakten des Vertriebs per Intranet

5.4 Forschung und Entwicklung

Forschung- und Entwicklungsarbeiten werden in Unternehmen und Universitäten überwiegend in Gruppenarbeit realisiert. Entwicklungen sind das Ergebnis von Gruppen- und Teamarbeit, die abteilungsübergreifend und über geographische Grenzen hinweg geschieht.

Das Intranet dient zur Koordination und Information der Produktmanager sowie zur Verbesserung der Kommunikation zwischen den Teammitgliedern im Bereich Forschung und Entwicklung. Die Teams in der Produktentwicklung benötigen aktuelle Informationen, um ihre Aufgaben effektiv ausführen zu können. Ein Intranet kann mit Informationen zu Projektterminen, Stand der Entwicklung und Rückmeldungen der Kunden unterstützend wirken. Die sensiblen Informationen aus Forschung und Entwicklung müssen durch Sicherheitsfunktionen geschützt und dürfen nur dem Entwicklungsteam zugänglich sein. Die Zusammenarbeit der Entwicklungsteams kann durch Groupware-Funktionen unterstützt werden. Hier einige mögliche Anwendungsbereiche:

- Zugriff auf externe und interne Datenquellen (Datenbanken, Internet usw.)
- Erstellung und Pflege von Projektablaufplänen und sogenannten Meilensteinen
- Informationen über Teammitglieder und die Verantwortungsbereiche

- Verbreitung und kooperative Erstellung von technischen Zeichnungen, Konstruktionsplänen etc.

- Veröffentlichung von technischen Daten, Analysen, Richtlinien etc.

- Vorstellung von Ideen und Projekten, die öffentlich diskutiert und kommentiert werden können

- Funktionen und Charakteristika von Konkurrenzprodukten.

- Rückmeldungen von Kunden, Anwendern, Verkäufern etc.

- Veröffentlichung von technischen Fragen und Problemen, für die per Intranet eine Lösung gesucht wird

- Kommunikation mit anderen Unternehmensteilen wie Vertrieb, Marketing, Produktion, deren Vorschläge in neue Entwicklungen eingehen können.

- Interaktives Training/Weiterbildung für eine individuelle Schulung der Forscher und Entwickler

Im Bereich Forschung und Entwicklung stellen sich bei einem offenen System wie dem Intranet Sicherheitsfragen. Für einen Teil der Informationen sollte eine Zugangskontrolle erfolgen, so daß Unbefugten Pläne und Termine des Unternehmens verborgen bleiben.

5.5 Personalwesen

Informationen der Personalabteilungen von Organisationen wie Unternehmen, Behörden, Krankenhäusern und anderen Organisationen, in denen die Mitglieder in einem Angestelltenverhältnis an die Organisation gebunden sind, können im Intranet veröffentlicht werden. Darüber hinaus lassen sich Kommunikations- und Workflow-Funktionen ausführen.

Durch die allgemeine Verfügbarkeit der Informationen im Intranet können persönliche Anfragen der Mitglieder bei der Personalabteilung reduziert und auf die individuelle Beratung beschränkt werden. Informationen stehen allen Mitgliedern der Organisation unabhängig von Zeit und Raum zur Verfügung. Hier einige Beispiele von Anwendungen im Personalbereich.[114] Die Funktionen lassen sich durch unterschiedliche Intranet-Anwendungen realisieren. Einige Beispiele werden zu den einzelnen Punkten aufgeführt. Die Grafiken stammen von der Web-Site von Microsoft.

- Informationen zu Inhalten und Abläufen der Gesundheitsfürsorge

- Informationen zu Vergünstigungsprogramme für Mitglieder

- Informationen zu Beteiligungssystemen in Unternehmen, bspw. Aktiengesellschaften

- Formularbereitstellung und -bearbeitung (Urlaubsanträge usw.)

- Informationen zu Belohnungssystemen

---

[114] Vgl. Coleman und Dyson (1997), Seite 360-376.

- Publikation interner Stellenangebote

- Stellen- und Aufgabenbeschreibungen, Informationen zu Aufstiegsmöglichkeiten

- Beantwortung häufig gestellter Fragen[115] zu Themen des Personalwesens

- Termininformationen (Betriebsferien, Öffnungszeiten, Arbeitszeiten etc.)

- Die Personalabteilung kann per Intranet Personalinformationen von neuen Mitgliedern abfragen

- Mitgliederverzeichnisse

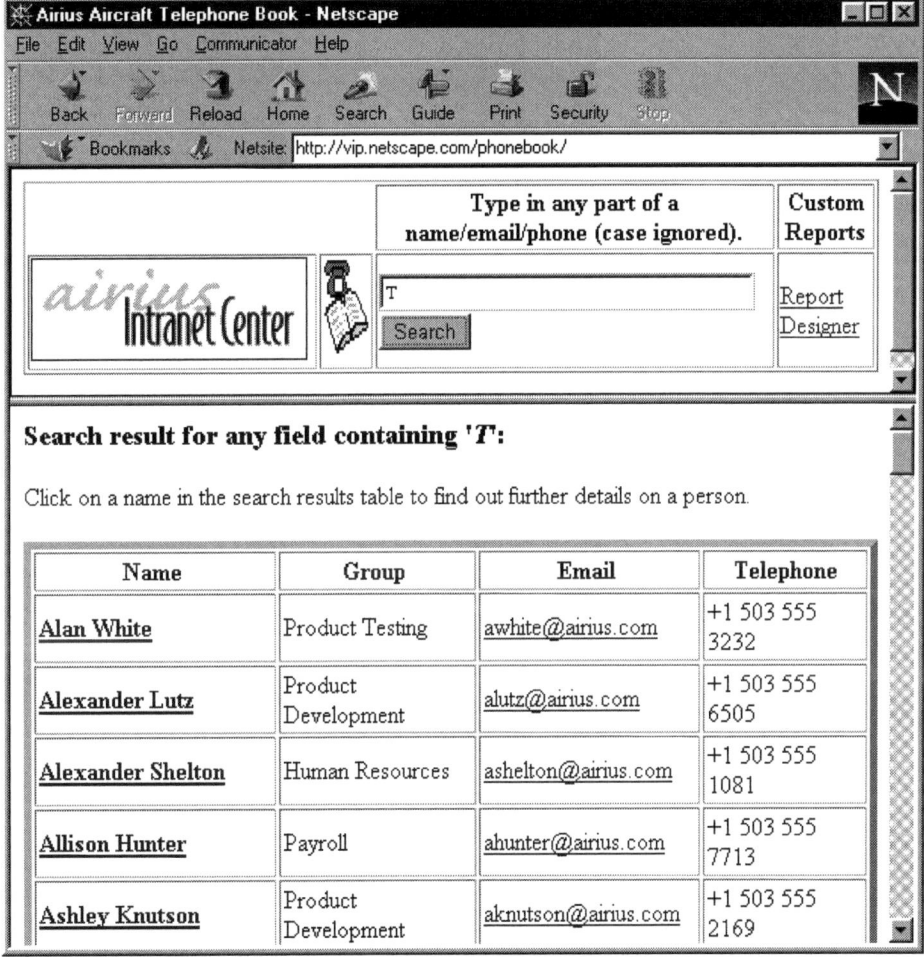

---

[115] Siehe auch „Frequently Asked Questions (FAQ)" im Glossar Seite 126.

Abbildung 11: Mitgliederverzeichnis eines Intranets

Die Personalabteilung kann eine Liste mit häufig zu Themen des Personalbereichs gestellten Fragen und den entsprechenden Antworten im Intranet publizieren. Die Mitglieder der Organisation können per Browser diese Liste einsehen. Die Anzahl der individuellen Anfragen per E-Mail, persönlichem Gespräch oder per Telefon kann so reduziert werden. Kosten für Beratungszeiten können eingespart werden bzw. die Beratungszeit kann für intensive, individuelle Gespräche genutzt werden. Eine derartige Funktion muß den Mitgliedern ermöglichen, Fragen zu stellen. Die Verantwortlichen im Personalbereich müssen Fragen entgegennehmen, beantworten oder allgemein publizieren können.

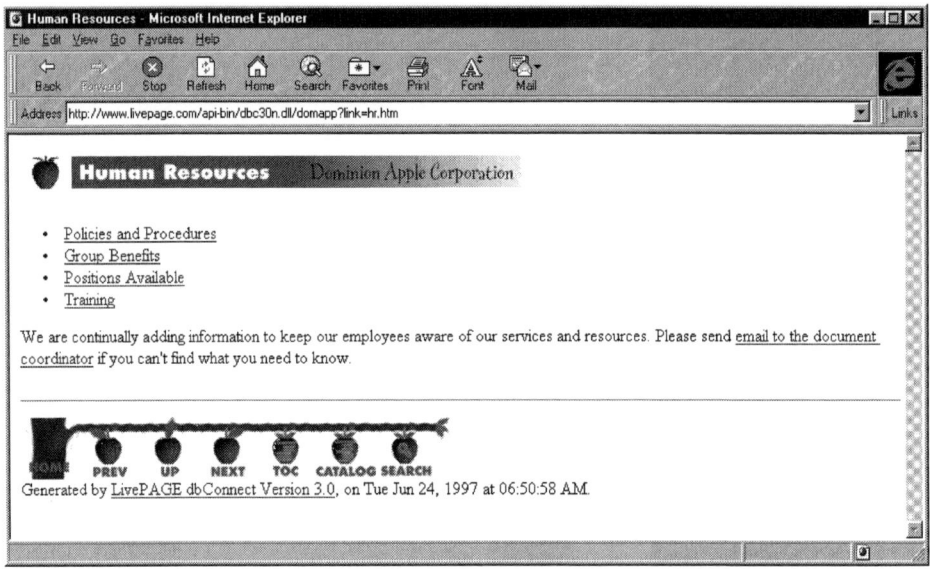

Abbildung 12: Die Ausgangsseite für weitere Informationen und Funktionen der Personal-abteilung

5.6 Führung der Organisation

Aufgrund der dezentralen Strukturen und erweiterten Handlungsspielräume der Mitarbeiter auf Basis der Funktionen des Intranets sowie der heterarchischen Organisationsform verlieren Anweisungs- und Kontrollstrukturen an Bedeutung. Die Vermittlung gemeinsamer Ziele, Visionen und Orientierungsgrundlagen des Handelns treten als Aufgabe für die Führung der Organisation in den Vordergrund. Das Intranet kann also seine Wirkung insbesondere in flach-hierarchisch strukturierten Organisationen erfüllen.

Das Intranet kann als allgemeines Informationssystem der Organisation spezielle Funktionen umfassen, die die Aufgaben eines Managementinformationssytems erfüllen. Die Führung einer Organisation benötigt zur Entscheidungsfindung relevante Informationen und Daten. Organisatorische Entscheidungen steuern den wirksamen und effizienten Einsatz vorhandener sowie die Gewinnung neuer Ressourcen zur optimalen Zielerreichung.

Die Konzeption derartiger Systeme wird in der jüngeren Managementforschung unter dem Begriff Data Warehouse diskutiert. Ein Data Warehouse ist eine Informationssammlung zur Unterstützung von Managemententscheidungen. In einem Data Warehouse können Entscheidungsträger in strukturierter Form Informationen abrufen, die von anderen Abteilungen der Organisation bereitgestellt werden.[116]

Primäre Funktion des Informationssystems ist die Bereitstellung von Informationen, die der Führung zur Entscheidungsfindung dienen. Darüber hinaus werden Informationen aus der Führung an die Subsysteme der Organisation sowie an die Umwelt übermittelt. Es hat die Aufgabe, den Informationsbedarf der Benutzer zu identifizieren, Daten zu erfassen, zu speichern und wiederaufzufinden, den Informationsfluß zu planen, Daten in Informationen umzuwandeln und diese Informationen an die Benutzer zu übermitteln.

Damit relevante Informationen bereitgestellt werden können, müssen innerhalb des Systems Kommunikations- und Transformationsprozesse stattfinden. Informationen müssen aufbereitet und strukturiert werden, so daß den Entscheidern einerseits alle Informationen zur Verfügung stehen, ihnen aber andererseits nicht durch eine Informationsflut wichtige Informationen entgehen. Das System muß alle relevanten Informationen, in schnell abrufbarer Form bereithalten. Entscheidungsprozesse, die im Aufgabenbereich der Führung der Organisation liegen, werden so unterstützt. Routineentscheidungen können dem Informationssystem überlassen oder an andere Mitarbeiter delegiert werden.

Jaggi stellt fünf allgemeine Richtlinien für den Entwurf eines Führungsinformationssystems auf, denen ein System entsprechen sollte, um auch bei sich wandelnden Bedingungen im Umweltsystem, in der Organisationsstruktur sowie im Informationsbedarf weiter für die Zielerreichung relevant zu sein (vgl. dazu die Eigenschaften des Intranets Seite 27):[117]

- Einfachheit – Das System soll unter Berücksichtigung der vorgegebenen Ziele so einfach wie möglich sein. Verarbeitungsvorgänge werden verkürzt, der Aufwand bei Erfassung, Verarbeitung und Distribution der Informationen wird reduziert. Ein einfaches System kann bei geringen Betriebs- und Schulungskosten implementiert werden. Das System wird von den Benutzern eher akzeptiert.

- Flexibilität – Verstärkte Anpassungsprozesse an die Umweltbedingungen erfordern flexible Organisationsformen, denen auch das Informationssystem entsprechen muß. Auch bei sich ändernden Umweltbedingungen muß ein Führungsinformationssystem noch relevante, genaue und aktuelle Daten übermitteln.

- Zuverlässigkeit – Entscheidungen der Führung wirken sich auf die Subsysteme der Organisation aus und haben so weitreichende Konsequenzen. Dies erhöht die Anforderungen an die Zuverlässigkeit der in einem Informationssystem bereitgestellten Daten. Aktualität, Vollständigkeit und Relevanz sind entscheidende Kriterien.

---

[116] Vgl. Inmon (1996), Seite 120.

[117] Vgl. Jaggi (1975), Seite 190-191.

- Wirtschaftlichkeit – Ein Führungsinformationssystem muß einer Kosten-Nutzen-Analyse standhalten, um eine Berechtigung zu erhalten.

5.7 Informationssysteme für Planung und Kontrolle

Die Aufgabenteilung in komplexen Organisationen erfordert ein Planungs- und Kontrollsystem, dessen Funktionen durch Informationstechnik unterstützt oder durch entsprechende Systeme automatisch ausgeführt werden. Aufgaben setzen sich vor allem in hierarchisch strukturierten Organisationen sowie bei komplexen Gesamtaufgaben aus mehreren Aufgabenebenen zusammen. Die Koordination der Aufgaben erfolgt durch ein Projektmanagement, das sich informationstechnisch unterstützter Planungs- und Kontrollsysteme bedient. Ein derartiges Planungs- und Kontrollsystem muß auf folgende Umweltfaktoren reagieren können:[118]

- Komplexe Aufträge mit langen Bearbeitungszeiträumen

- Fortlaufende Änderungen durch technischen und gesellschaftlichen Wandel

- Variable Umweltbedingungen, die Auftragsänderungen verursachen

- Unspezifische Aufgabenziele, die das Messen des Erfolgs erschweren

Planungs- und Kontrollsysteme setzen sich aus Planungs- und Kontrollfunktionen zusammen. Planungsfunktionen beinhalten den Entwurf von Handlungsweisen, die Bewertung von Alternativen und die Zielfestlegung unter Berücksichtigung technischer, organisatorischer und finanzieller Bedingungen. Kontrollfunktionen weisen Verantwortlichkeiten zu und stellen Regeln und Entscheidungen für die Erfüllung der Aufgaben auf. Sie sind Maßnahmen zur Korrektur bei Fehlentwicklungen. Kontrollfunktionen fallen täglich, sowie als Revisionsfunktionen in regelmäßigen Intervallen an. Für beide Funktionsarten besteht ein unterschiedlicher Informationsbedarf.[119]

An das Planungs- und Kontrollsystem werden einige Anforderungen gestellt, die die Wirksamkeit des Systems beeinflussen. Diese Systemanforderungen sind:

- Abbildungsgüte

- Identifikation der relevanten Faktoren und Variablen

- Optimale Nutzung der Ressourcen

- Systemzuverlässigkeit

- Konsistenz

- Stabilität

- Durchführbarkeit

---

[118] Vgl. Onsi (1975), Seite 196.

[119] Vgl. Onsi (1975), Seite 197.

Routineaufgaben im Bereich Planung und Kontrolle können vom technischen System übernommen werden. Diese Aufgaben fallen vor allem auf niedrigen Aufgabenebenen an, beispielsweise bei der Lagerhaltung, der Inventur oder der Bereitstellung von Ressourcen. Komplexe und individuelle Situationen erfordern Entscheidungen von Individuen. Zur Entscheidungsfindung müssen vom Informationssystem relevante Informationen bereitgestellt werden.

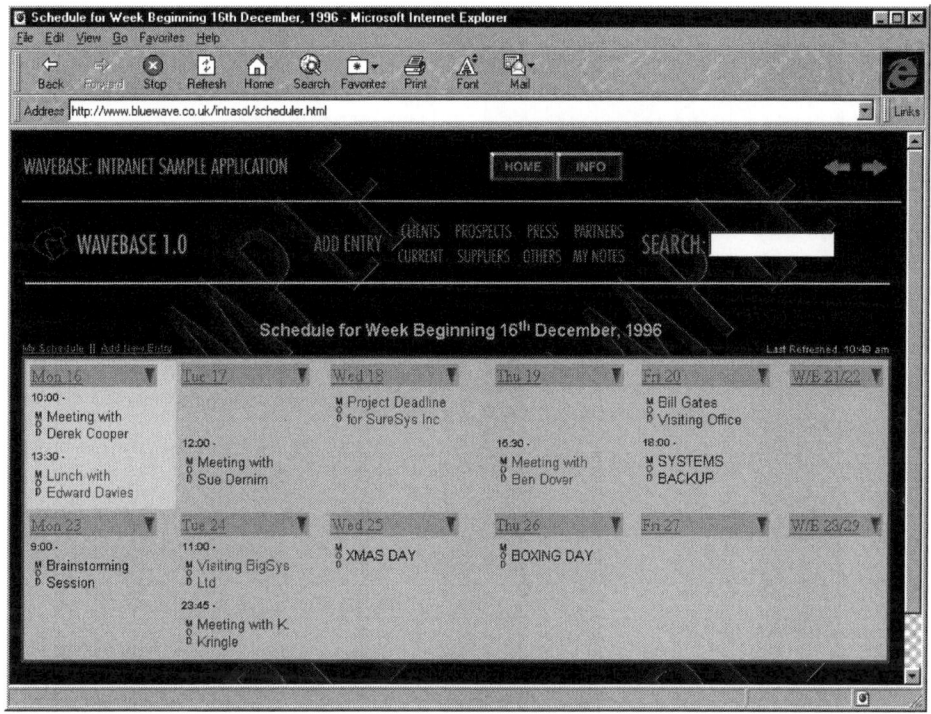

Abbildung 13: Die Terminplanung für Projekte erfolgt über das Intranet

Für beide Aufgabenbereiche bietet das Intranet wirkungsvolle Funktionen: Umfassende und aktuelle Informationsbestände stehen für die Planungsaufgaben zur Verfügung. Termin- und Projektplanung können auf Basis der Groupware-Funktionen des Intranets ausgeführt werden. Durch Workflow-Funktionen können routinemäßige Kontrollaufgaben und – anfragen ausgeführt werden. Informationstransparenz ermöglicht eine verbesserte Effizienz bei der Kontrolle.

5.8 Schulung und Hilfestellung

Das Intranet kann als Schulungs- und Hilfesystem der Organisation fungieren. Im Intranet werden Schulungsangebote bereitgehalten, die von den Mitgliedern der Organisation genutzt werden können. Vorteile der Weiterbildung auf elektronischem Wege sind die zeitliche Unabhängigkeit, die multimedialen Funktionen, die individuelle Geschwindigkeit der Schulungsmaßnahmen sowie der modulare Aufbau der Schulungsangebote. Durch Kommunikationsfunktionen wie Chats, Newsgroups oder E-Mail können das Lernen in der Gruppe und die individuelle Betreuung durch Lehrkräfte realisiert werden.

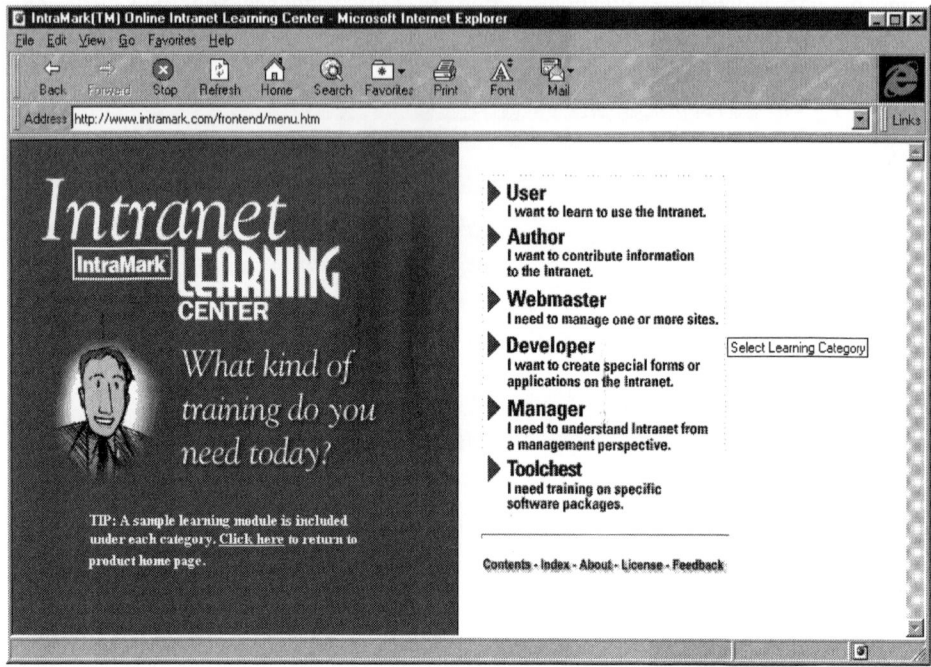

Abbildung 14: Über ein Intranet können den Mitgliedern der Organisation Lernmodule zur Verfügung gestellt werden.

Als Hilfesystem dient das Intranet dazu, Standard- und Routinefragen über Informationsseiten oder Newsgroups zur Verfügung zu stellen. Komplexere Probleme können durch Workflow-Formulare analysiert und gelöst werden. Der Hilfesuchende beantwortet beispielsweise logisch verknüpfte Fragen, um ein Problem einzukreisen und den passenden Lösungsweg abzurufen. Probleme, die nicht über ein Lösungsraster beseitigt werden können, werden mit Hilfe von direkten Kommunikationsformen wie E-Mail, Chat oder Videokonferenz gelöst. Durch die Entlastung von den Routineaufgaben steht dem für die Problemlösung Verantwortlichen mehr Zeit für individuelle Fragestellungen zur Verfügung.

Organisationen gehen immer mehr dazu über, die für die Weiterbildung der Mitglieder notwendigen Schulungs- und Fortbildungsmaßnahmen mit technischen Hilfsmitteln durchzuführen. Nach Einschätzung des Beratungsunternehmen Quality Dynamics. Inc. wird im Jahr 2000 ein Großteil der Schulungsinhalte in Unternehmen über technische Systeme vermittelt werden. Eine von diesen Prognosen unabhängige Studie der Gartner

Group[120] sagt voraus, daß der Bedarf an technikbasierten Schulungen 1997 und 1998 um jeweils 10 Prozent ansteigen wird. Die Berater prognostizieren, daß in diesem Marktsegment dann 12 Milliarden Dollar umgesetzt werden. Das Intranet wird als Informations- und Kommunikationsmedium der Organisationen dabei eine bedeutende Funktion erfüllen.

Die technikbasierten Schulungen der Mitglieder einer Organisation können mit eigenen Inhalten und Schulungsprogrammen im Intranet bereitgestellt werden. Darüber hinaus ist es möglich, daß Programme externer Anbieter in das Intranet einer Organisation einzubinden. Lern- und Schulungsprogramme werden über das WWW übertragen und den interessierten Mitgliedern zur Verfügung gestellt. Grundlage für die Möglichkeit der Einbindung von externen Angeboten ist die Standardisierung der Technologien (Browser, HTML, Protokolle etc.) Das Beratungsunternehmen International Data Corporation prognostiziert, daß der Markt für Fernlernprogramme über das WWW der am stärksten wachsende Markt im Bereich des technologiebasierten Lernens ist.

5.9 Telearbeit

Telearbeit ist eine neue Arbeitsform, die durch elektronische Informations- und Kommunikationstechnologien ermöglicht wird.

Für die Telearbeit sind Datenverarbeitungsgeräte und Kommunikationseinrichtungen erforderlich Zwischen Arbeitsort und Verwendungsort muß eine Verbindung erstellt werden. Die Informationsbestände müssen in elektronisch zu verarbeitender Form vorliegen (Arbeitsaufträge, Arbeitsunterlagen, Arbeitsergebnisse). Das Intranet ist der ideale Anbindungspunkt für Telearbeiter, denen über das Intranet die gleichen Informationsbestände zur Verfügung stehen wie den Mitarbeitern innerhalb der zentralen Gebäude der Organisation. Die Kommunikationsfunktionen des Intranets geben den Telearbeitern mehr Möglichkeiten zur Kommunikation. Die Anbindung an die Organisation wird so intensiviert. Mögliche negative Aspekte der Telearbeit, wie Isolation von den Ablaufprozessen und Trennung von den sozialen Strukturen der Organisation, können durch die intensive Nutzung der Funktionen des Intranets abgeschwächt oder ausgeglichen werden.

In Deutschland gibt es derzeit nach Schätzungen 150.000 bis 180.000 Telearbeiter, deren Zahl bis zum Jahr 2000 auf 800.000 anwachsen soll.[121] Die meisten Telearbeiter sind im Außendienst beschäftigt, wenn die Arbeitsabläufe es zulassen, werden auch Verwaltungs-, Entwicklungs- und Managementfunktionen in Telearbeit erledigt.

Telearbeit hat für Mitarbeiter, Organisationen und die Allgemeinheit Vorteile. Mitarbeiter können ihren Beruf unabhängig vom Organisationsstandort ausführen, wodurch mehr persönliche Freiräume gewonnen werden. Familie und Beruf können beispielsweise vereinbart werden, lange Fahrtzeiten zum Arbeitsplatz entfallen, Arbeitszeiten und Arbeits-

---

[120] Die Gartner Group Inc. ist eines der führenden Forschungs- und Beratungsunternehmen im Bereich der Informationstechnologie. http://www.gartner.com

[121] Vgl. Zorn (1997), Seite 173.

organisation können in einem gewissen Umfang frei eingeteilt werden. Organisationen können Büroflächen einsparen sowie Produktivitätssteigerungen und eine höhere Flexibilität erreichen. Mitarbeiter, die beispielsweise aus familiären Gründen die Organisation verlassen hätten, bleiben erhalten. Die Umwelt profitiert von weniger Verkehrsaufkommen und geringerem Flächenverbrauch für Büros.

Telearbeit läßt sich in folgenden Formen realisieren:

- Teleheimarbeit

- alternierende Telearbeit

- mobile Telearbeit

- Telearbeit an dezentralsierten Standorten

Bei der Teleheimarbeit arbeitet der Mitarbeiter ausschließlich zu Hause. Bei der alternierenden Form wird an unterschiedlichen Orten gearbeitet, vor allem zu Hause, im Büro und beim Kunden. Die mobile Telearbeit wird im Außendienst beim Kunden erledigt. Dezentralisierte Standorte sind Bürogemeinschaften oder Zweigniederlassungen, an denen der Telearbeiter seine Tätigkeit durchführt.

Das Intranet vereinfacht die Dezentralisierung von Organisationsaufgaben. Die Anbindungsmöglichkeiten an das Intranet über das Internet oder andere Netzsysteme, die Aktualität der Informationen und Daten, die einfache Bedienung und die umfassende Ausbreitung des Systems auf die gesamte Organisation erweitern die Aufgabenbereiche und Personenkreise, für die Telearbeit in Frage kommt. Da Telearbeiter selten über breitbandige Leitungen angeschlossen sind und eher Modem- oder ISDN-Verbindungen nutzen, muß bei der Implementierung des Intranets berücksichtigt werden, daß aufwendige Funktionen wie Videos nicht genutzt werden können.

5.10 Dokumentenmanagement

Dokumente, die in einer Organisation erzeugt, verarbeitet und archiviert werden, müssen in geeigneter Form und Funktion den Nutzern bereitgehalten werden. Wichtig ist, daß die Dokumente so geordnet und registriert sind, daß sie unter unterschiedlichen Aspekten jederzeit wiederaufgefunden werden können.[122]

Dokumente und Daten, die in einer Organisation erstellt, weiterverarbeitet und verbreitet werden, stellen die Wissensbasis der Organisation dar, sind das „Gedächtnis der Organisation". In den Dokumenten ist das Wissen der Mitglieder der Organisation, beispielsweise in Form von Protokollen, Berichten und Analysen, sowie externes Wissen, beispielsweise Presseberichte und Handbücher, gespeichert.

Die Speicherung der Daten muß einerseits sicher sein, andererseits müssen die Dokumente zur Nutzung der darin enthaltenen Informationen einfach zugänglich sein. Eine Dokumentbibliothek in einem Intranet sollte einen einfachen Zugriff auf die in

---

[122] Vgl. Laux (1997), Seite 457.

Datenbanken und Verzeichnissen des Netzwerks der Organisation gespeicherten Informationen ermöglichen. Zum Retrieval der Informationen müssen komfortable Suchverfahren wie eine Volltextsuche oder eine Suchanfrage nach bestimmten Kriterien ermöglicht werden. Die einfache Bedienbarkeit des Systems ist das entscheidende Kriterium für eine Nutzung der Informationen auf breiter Basis innerhalb der Organisation. Da die Retrieval-, Indexierungs- und Ablage-Funktionen einer Dokumentbibliothek in einem Intranet über einen Browser ausgeführt werden, ist die einfache Bedienbarkeit gewährleistet.

Aufbau und Einsatz einer Dokumentbibliothek sind unter vier Gesichtspunkten zu betrachten:[123]

- Beschaffung der Dokumente

- Auswertung der Dokumente

- Speicherung von Dokumenten und Informationen

- Bereitstellung von Dokumenten und Informationen

Eine Dokumentbibliothek in einem Intranet muß daher folgenden Funktionen bereitstellen,

- Einfache und intuitive Nutzung der Funktionen und Inhalte der Dokumentbibliothek

- Archivierung unterschiedlichen Medientypen (Text, Video, Sound etc.)

- Indexierung der Dokumente nach Kriterien wie Autor, Inhalt, Zeitpunkt der Erstellung usw.

- Suchfunktionen

- Einfaches Hinzufügen neuer Daten und Informationen in das System

- Einfache Nutzung der Informationen und Weiterverarbeitung der Daten

- Möglichkeiten der Zugriffskontrolle bei sicherheitsrelevanten Informationen und Daten

- Individuelle Anpassungsfunktionen, beispielsweise Speicherung von Suchanfragen

Auf der Web-Site von Microsoft[124] kann eine beispielhafte Dokumentbibliothek abgerufen werden. Die Funktionen der Dokumentbibliothek werden über eine Hauptseite ausgeführt, die eine Auflistung der Dokumente nach bestimmten Kriterien in einer Baumstruktur, eine Navigationsleiste mit anklickbaren Textelementen zur Ausführung von Funktionen wie Suche, Einfügen von Daten sowie eine Ansicht der Dokumente usw. bietet. Darüber hinaus können über die Elemente des Browsers alle bekannten Navigationsfunktionen ausgeführt werden.

---

[123] Vgl. Laux (1997), Seite 453.

[124] www.microsoft.com/intranet

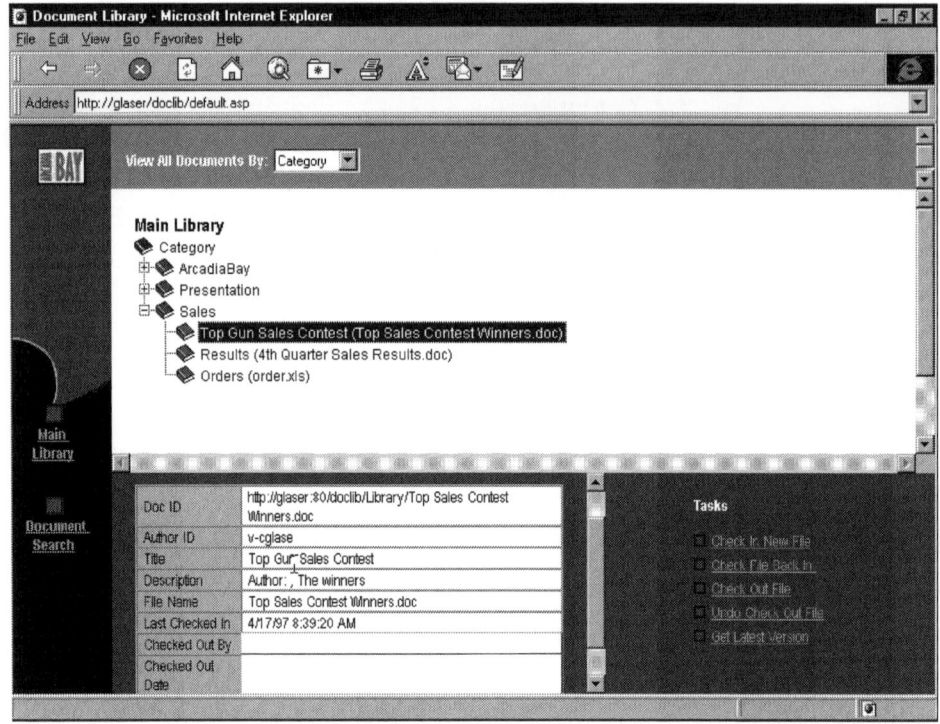

Abbildung 15: Beispiel einer Dokumentbibliothek

Die Dokumente können in dieser Beispielapplikation nach Datum der Erstellung, Autor und Kategorie sortiert und angezeigt werden. Die Dokumente befinden sich in Unterkategorien. Nach Auswahl eines Dokuments wird eine Bibliothekskarte mit Informationen und Eigenschaften des Dokuments eingeblendet. Die Funktion zum Einfügen eines neuen Dokuments in die Dokumentbibliothek wird durch Anklicken des entsprechenden Textfeldes auf der Hauptseite der Web-Seite aktiviert. Über eine Verzeichnisfunktion kann das Dokument aus der Verzeichnisstruktur des dem Intranet zugrundeliegenden Netzwerkes ausgewählt werden. Informationen zu Typ und Eigenschaften des Dokuments können automatisch übernommen oder eingegeben werden (Kategorie, Inhalt, Titel, Schlagwort etc.). Diese Informationen werden in der Dokumentbibliothek zur Indexierung verwendet. Die Suche nach einem Dokument oder nach Informationen, die in Dokumenten enthalten sind, kann anhand von Suchkriterien ausgeführt werden, die als Text eingegeben werden. Textinformationen können darüber hinaus mit einer Volltextsuche gesucht werden. Die Suchfunktionen werden ebenfalls über Elemente der Hauptseite der Dokumentbibliothek gestartet. Dokumente können aus der Bibliothek herausgenommen und mit den entsprechenden Applikationen bearbeitet werden. Nach der Bearbeitung wird das Dokument der Bibliothek wieder hinzugefügt.

5.11 Internetanbindung

Die Informationsfülle des Internets kann der Organisation durch eine Anbindung an das Internet zugänglich gemacht werden. Die Mitglieder der Organisation können per Web-Browser relevante Informationen im WWW recherchieren oder sich Programme und Dokumente per FTP[125] auf das eigenen System übertragen. Die Informationsquellen im WWW, die für die Aufgabenerfüllung der Mitglieder und die Zielerreichung der Organisation von Bedeutung sein können, sind so vielfältig wie das Angbot des WWW selbst: kommerzielle und öffentliche Datenbanken, Informationsangebote von Konkurrenz-unternehmen, wissenschaftliche Informationsseiten, Newsgroups zu Fachthemen, Messe-informationen, Börseninformationen, Fachzeitschriften, Tageszeitungen usw.

Das Internet ermöglicht Organisationen den Zugriff auf den weltweit größten, wenn auch stark unstrukturierten Informationspool. Über das Internet können fehlende Ressourcen und Kompetenzen in die Organisation integriert werden und potentielle Partner, Kunden usw. gefunden werden. Es ist darüber hinaus eine Kontaktbörse zu Verbänden, Handels-kammern, Partnerorganisationen in anderen Ländern usw.

Die Nutzung des Internets in Organisationen ist keine Ausnahme mehr. Wissenschaftler in Unternehmen haben aufgrund der historischen Entwicklung des Internets bereits seit langem auf breiter Basis Zugriff auf Internet-Dienste. In den USA haben beispielsweise 23 Millionen Erwachsene am Arbeitsplatz oder in der Schule einen Zugang zum Internet.[126]

Je nach Informationsstrategie der Organisation kann der Zugang zum Internet frei oder durch Nutzungsrichtlinien geregelt sein. Die Studie „Electronic Commerce in Europe" von Inteco hat ermittelt, daß beispielsweise in Großbritannien 6 Prozent der Unternehmen keine Nutzungsrichtlinien erlassen haben, 15 Prozent der Befragten gaben an, daß ihnen keine derartigen Richtlinien bekannt sind. Die meisten Organisationen hatten Richtlinien erlassen, die einen Nutzung des Internets für alle arbeitsrelevanten Zwecke genehmigten. Noch strengere Richtlinien waren in 11 Prozent der Organisationen zu finden. In Deutschland sind die Zugangsbedingungen noch unreglementierter als in Großbritannien, 29 Prozent der Befragten gaben an, daß keine Richtlinien existieren, weiterer 22 Prozent waren keine Richtlinien bekannt. In einem Viertel der Organisationen darf der Internet-Zugang auch für private Zwecke genutzt werden (Deutschland, Frankreich, Großbritannien insgesamt).[127]

---

[125] Siehe auch „File Transfer Protocol (FTP)" im Glossar Seite 126.

[126] Quelle: Inteco. Erhebungszeitpunkt: September 1996.

[127] Quelle: Inteco (Dezember 1996), „Electronic Commerce in Europe".

6 Einfluß des Intranets auf die Organisation

Kapitel 3 und 5 haben gezeigt, daß ein Intranet die Bereitstellung von Informationen für die Mitglieder einer Organisation und den orts- und zeitunabhängigen Informationsaustausch untereinander ermöglicht. Groupware- und Workflow-Funktionen fördern die Team- und Gruppenarbeit. Hierdurch entstehen zahlreiche Möglichkeiten der Veränderung der Arbeitstechniken und Kooperationsmöglichkeiten, die einen entscheidenden kulturellen Wandel in der Struktur der Organisation ausmachen können. In diesem Kapitel sollen der zugrundeliegende Organisationsbegriff präzisiert, die Wandlungsprozesse beschrieben und neue, entstehende Organisationsformen erläutert werden.

6.1 Organisationsbegriff

6.1.1 Definition

Das Soziologielexikon definiert institutionelle Organisationen als auf Dauer angelegte soziale Einheiten mit Regelungen, die das Verhalten der Beteiligten steuern. Organisationen haben spezifische Ziele bzw. Aufgaben, die durch die Mitglieder realisiert werden sollen.[128]

Der Organisationsbegriff wird konkreter, wenn man Beispiele für derartige soziale Gebilde auflistet: Wirtschaftsunternehmen, öffentliche Verwaltungen, Verbände, Parteien, Kirchen, Universitäten, Krankenhäuser usw.

Organisationen setzen sich aus verschiedenen Elementen zusammen. Sie entstehen durch Austausch- und Interaktionsbeziehungen von Mitgliedern. Diese Prozesse beruhen primär auf der Kommunikation zwischen den Mitgliedern und dem Austausch von Informationen.

Die häufigste Form der Organisation ist die Arbeitsorganisation, also Unternehmen, Fabriken oder Verwaltungen. Die Mitglieder einer Arbeitsorganisation stehen in einer vertraglichen Beschäftigungsbeziehung zur Organisation. Die Mitglieder verpflichten sich, durch ihre Aktivitäten zur Realisierung der Ziele der Organisation beizutragen.

Organisationen setzen Verfahren ein, die der Aufgabenerfüllung dienen. Zu diesen Verfahren sind auch informations- und kommunikationstechnische Systeme wie das Intranet zu zählen.

Die sozialen Beziehungsmuster in einer Organisation können informell oder formell sein. Das Verhalten der Mitglieder in derartigen Aufbau-/Ablauforganisationen wird durch die Schaffung und Durchsetzung von Regeln gesteuert. Mitgliedern werden bestimmte Aufgaben zugewiesen, das Verhältnis der Mitglieder untereinander ist durch Hierarchiestrukturen und Arbeitsteilung festgelegt. Neben diesen formalen Regelungen findet man in Organisationen auch informale Strukturen die aus den persönlichen Interaktionsbeziehungen der Individuen in der Organisation entstehen.

---

[128] Vgl. Reinhold (1991), Seite 429.

Das letzte Element ist die Beziehung der Organisation zur Umwelt, von der sie sich mehr oder weniger genau abgrenzt. Zur Umwelt zählen institutionelle Regelungen, wie Gesetze, andere Organisationen wie Konkurrenten, Lieferanten usw., und individuelle Akteure wie Kunden, potentielle Mitglieder usw. Zwischen der Organisation und dem makrosozialen Umfeld finden Austauschprozesse statt.

6.1.2 Mechanistische und organische Organisationssysteme

Traditionelle Organisationsstrukturen basierten auf einem zentralisierten Modell von Anweisungsstrukturen und Kontrollfunktionen. Die Organisationen waren so ausgerichtet, daß Informationen zur Spitze der Organisation zu den Entscheidungsträgern gelangen. Die auf der Basis dieser Informationen getroffenen Entscheidungen wurden zurück übertragen. Je komplexer diese hierarchischen Strukturen in großen Organisationen wurden, desto mehr Systemeinheiten waren in die Übertragung der Informationen involviert und desto mehr Informationen mußten übertragen werden. Die größte Herausforderung beim Aufbau eines Intranets ist es daher, die Organisationsstruktur von einem System der zentralen Kontrolle zu einem System zu transformieren, das unabhängige Entscheidungen und Handlungen ermöglicht.[129]

Der Erfolg eines informations- und kommunikationstechnischen Systems wie des Intranets hängt von der Struktur der Organisation ab, in der es zum Einsatz kommt. Die offenen Kommunikationsstrukturen und der netzartige Aufbau eines Intranets sollten sich in der Organisationsstruktur widerspiegeln, um das Potential eines Intranets auszuschöpfen. An dieser Stelle werden nun zwei Modelle von Organisationen vorgestellt: ein hierarchisches, mechanistisches Modell einer Linienorganisation sowie die Matrixorganisation, die sich durch einen organischen, nicht-hierarchischen Aufbau auszeichnet.

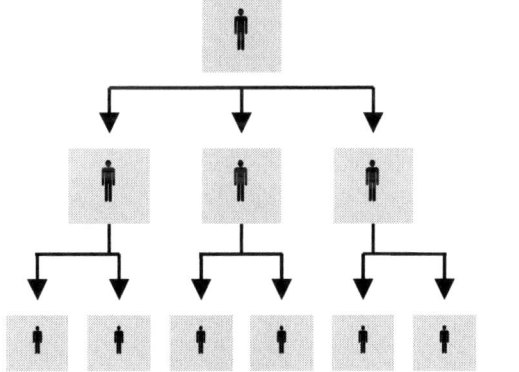 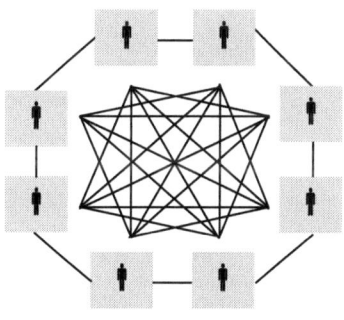

Diagramm 11: Strukturmuster von hierarchischen Organisationen und Matrixorganisationen[130]

---

[129] Vgl. Telleen (1997), Kapitel 2.

[130] Vgl. Fehlbaum, Hill und Ulrich (1976), Seite 212.

Die Effizienz der unterschiedlichen Organisationsformen wird weiterhin diskutiert. Die organische Organisationsform gilt dann als effizienter, wenn die Umwelt der Organisation stabil und vorhersagbar ist, also wenig spontane Reaktionen auf Einflüsse von außen erfordert. Bei veränderlichen Umweltverhältnissen ist die organische Struktur flexibler. Die Merkmale mechanistischer und organischer Systeme lassen sich folgendermaßen gegenüberstellen:[131]

Mechanistisches System	Organisches System
• Hierarchische Kontroll-, Autoritäts- und Kommunikationsstruktur.	• Eine Netzwerkstruktur der Kontrolle, Autorität und Kommunikation. Sanktionierungen erfolgen eher aus der Verpflichtung gegenüber der Gesamtheit als aus reinen Vertragsbeziehungen.
• Verstärkung der hierarchischen Struktur durch ein Informationsmonopol an der Spitze.	• Allwissenheit ist nicht länger Vorrecht der Spitze der Organisation. Eine Informationskonzentration ist situationsabhängig immer dort, wo sie funktional erforderlich ist.
• Tendenz zur rein vertikalen Interaktion.	• Eher horizontale, laterale Kommunikation.
• Schwergewicht auf internem, lokalem Wissen weniger auf übergreifendem Wissen.	• Betonung der Bedeutung auch übergreifenden Wissens.
• Steuerung des Arbeitsverhaltens nur durch den Vorgesetzten vermittels Anweisung.	• Eher Information und Ratschläge als Anweisungen und Entscheidungen.
• Funktional spezialisierte Stellenaufgaben, durch die die Gesamtaufgabe der Organisation in Teilsysteme untergliedert wird.	• Beschäftigung von Spezialisten im Hinblick auf die Gesamtaufgabe.
• Koordination der Stellen, durch den unmittelbaren Vorgesetzten, der allein seine spezielle Abteilung im Auge hat.	• Gegenseitige Anpassung und ständige Neudefinition der individuellen Aufgaben durch Interaktion.
• Genaue Festlegung von Rechten, Pflichten und Verfahrensregeln für jede Stelle.	• Übergabe von Verantwortung für einen begrenzten Bereich von Rechten, Pflichten, Verfahrensweisen so daß die Probleme im unmittelbaren Verantwortungsumfeld verbleiben.

---

[131] Vgl. Burns und Stalker (1971).

- Übersetzung von Rechten, Pflichten und Verfahrensweisen in die Verantwortung einer Stelle.

- Loyalität der Organisation und Gehorsam dem Vorgesetzten gegenüber als Mitgliedschaftsbedingung.

- Eingehen von Verpflichtungen gegenüber der Gesamtorganisation, jenseits aller rein technischen Festlegungen.

- Verpflichtungen gegenüber Organisationszielen und Berufsethos wichtiger als Loyalität und Gehorsam.

Tabelle 2: Mechanistische und organische Organisationssysteme im Vergleich

Das organische Organisationsmodell ist für die Gegebenheiten der Informationsgesellschaft besser geeignet. Die Dynamik dieser Gesellschaft, insbesondere der rasant zunehmende Informationsaustausch, erfordern flexible und anpassungsfähige Organisationsformen. Das Intranet mit seinen direkten und flexiblen Kommunikationsstrukturen ist das ideale Austauschmedium für derartige Organisationen.

6.2 Veränderungsprozesse für soziale Systeme

Organisationen sind Anforderungen und Einflüssen aus der Umwelt ausgesetzt. Die Umwelt gibt die Rahmenbedingungen für das organisationale Handeln vor, die Organisation muß sich zur Erreichung ihrer Ziele und zur Systemerhaltung diesen externen Einflüssen anpassen und auf sie reagieren. Die Umweltsituation in modernen Gesellschaften ist durch eine zunehmende Dynamik und Komplexität gekennzeichnet. Organisationen können auf diese Umweltsituation am besten reagieren, wenn sie organisatorische Flexibilität und organisatorischen Wandel fördern. Eine Organisation mit weitreichendem Handlungsspielraum kann sich neuen Situationen anpassen und unvorhergesehene Ereignisse auffangen.[132]

Bei allen neuen technologischen Entwicklungen wird die Bedeutung von nicht-technologischen Faktoren oft unterschätzt. Es reicht bei der praktischen Umsetzung neuer Systeme nicht aus, nur das technische Wissen aufzubauen. Eine Organisation muß, um den Erfolg der technischen Systeme zu gewährleisten, Strategien für die weitere Entwicklung entwerfen und eine Vorstellung von den Bedürfnissen der Organisationsmitglieder gewinnen.

Es gilt, die Organisations- bzw. Unternehmensstrategien und die informationstechnische Strategie zusammenzuführen, die Organisationsprozesse so anzupassen, daß sie den sich schnell wandelnden Umweltprozessen gerecht werden und motivierte, selbständig arbeitende Mitarbeiter heranzuziehen, die dem schnellen Technologie- und Systemwandel positiv gegenüberstehen und sich aktiv beteiligen.[133]

---

[132] Vgl. Oberschulte (1996), Seite 42.

[133] Vgl. Guengerich u.a.(1996), Seite XVII.

6.3 Information als zentrale Ressource in Organisationen

6.3.1 Informationsbegriff

Informationen sind eine wichtige Ressource in Organisationen, die im Vergleich zu den klassischen Ressourcen Kapital, Boden und Arbeit andere Eigenschaften haben. Informationen verfügen über bestimmte Merkmale, die bei der Einrichtung eines Informationssystems wie eines Intranets berücksichtigt werden müssen:[134]

- Informationen sind immaterielle Güter, die sich auch bei mehrfacher Nutzung nicht verbrauchen.

- Informationen verursachen durch Beschaffung, Nutzung, Verarbeitung und Weiterleitung Kosten, sie sind also keine freien Güter.

- Informationen sind knappe Güter. Im Überfluß sind lediglich unselektierte Informationen wie Daten und Nachrichten vorhanden.

- Informationen besitzen einen Wert bzw. Nutzen, der von der Art Ihrer Verwendung abhängt. Der Wert von Informationen kann durch Hinzufügen, Weglassen, Selektieren oder Aufbereiten verändert werden.

- Informationen können als Ware auftreten und gegen finanzielle Vergütung gehandelt werden.

- Informationen sind an das informationsverarbeitende Individuum gekoppelt. Durch Verarbeitungsprozesse werden aus Daten und Nachrichten durch Hinzufügen einer Zweckbestimmung selektierte Informationen.

- Informationen erweitern und vermehren sich bei der Nutzung. Sie werden durch parallel ablaufende Informationsprozesse angereichert.

- Informationen sind ein zentrales Medium in der Organisation, da sie die übrigen organisationsinternen Funktionen überlagern und die funktionsfähige Ausführung dieser Aktivitäten erst ermöglichen.

- Informationsprozesse ermöglichen eine zielgerichtete Information und Kommunikation aller Organisationsmitglieder. Sie beeinflussen also die Prozesse in den Organisationen und das Verhalten der Mitglieder.

- Informationen sind häufig Auslöser individueller oder organisationaler Lernprozesse.

- Informationen können als Machtmittel genutzt oder mißbraucht werden. Die Handhabung der Informationen in Organisationen muß an ethischen Gesichtspunkten ausgerichtet werden.

---

[134] Vgl. Rüttler (1991), Seite 35-37.

- Informationen durchlaufen einen Lebenszyklus, der sie von ihrer Entstehung an der Informationsquelle, über ihre Nutzung, Pflege und Verteilung bis zum Informationsbenutzer führt.

- Informationen sind leicht zu übertragen.

- Informationen sind nicht exklusiv übertragbar, sondern beliebig teilbar. Der Informationsempfänger erhält in der Regel eine Kopie, die Information bleibt ebenfalls im Besitz des Informanten und kann auch an andere weitergegeben werden.

- Informationen sind sehr flüchtig; Vertraulichkeit, intellektuelle Eigentumsrechte, Geheimhaltungsgrenzen sind davon erheblich betroffen.

- Informationen besitzen die Fähigkeit, Beziehungen zu Individuen oder anderen Organisationen anzubahnen.

Informationen können aus internen oder externen Quellen der Organisation zur Verfügung gestellt werden. Der Informationsbegriff ist zunächst unabhängig vom Medium. Eines der erfolgreichsten Medien für Informationen ist das Papier, in Form von Büchern, Zeitschriften, Briefen, Akten usw. In elektronischer Form werden Informationen in Datenbanken, E-Mails, HTML-Seiten usw. gespeichert.

Es wird zwischen formellen und informellen Informationen unterschieden. Formelle und informelle Informationen werden nach dem Grad der Verbindlichkeit und dem Organisationsprinzip differenziert. Die Information kann über unterschiedliche Kanäle zum Empfänger gelangen, beispielsweise in einem persönlichen Gespräch, in einem Telefonat, in einem elektronischen oder herkömmlichen Dokument (E-Mail, Textdatei, Buch, Zeitschrift). Formelle Informationen werden über eine Instanz wie eine Bibliothek, eine Informationsabteilung, einen Verlag oder ein Informationssystem vermittelt. informelle Informationen werden direkt übertragen (Gespräch). Dies kann auch mit Hilfe von technischen Geräten geschehen, beispielsweise über ein Telefon.

Die formelle Informationsübermittlung erfordert häufig einen größeren Zeitaufwand als die Weitergabe von informellen, direkten Informationen, da die Informationen nicht immer sofort zur Verfügung stehen. Durch Benutzerordnungen und anfallende Kosten bestehen bei formellen Informationen höhere Nutzungsbarrieren. Die Benutzer empfinden formelle Systeme als umständlich oder sie scheuen die Nutzung technischer Systeme. Über informelle Kanäle können Informationen oft schneller, individueller und flexibler eingeholt werden.

Dagegen haben informelle Kanäle oft den Nachteil, daß sie in puncto Qualität, Vollständigkeit und Wahrheitsgehalt unbeständig sind. Der Informationskanal ist instabil, es gibt also keine Garantie dafür, daß die Informationen bedarfsgerecht und zum gewünschten Zeitpunkt zur Verfügung stehen. Informelle Kanäle sind nicht offen, d.h. nicht alle Individuen in der Organisation haben Zugang zu den Informationen. Darüber hinaus unterliegen informelle Informationen stärker räumlichen und zeitlichen Beschränkungen.[135]

---

[135] Vgl. Manecke und Seeger (1997), Seite 22-23.

Ein Intranet kann die jeweiligen Nachteile der Informationskanäle ausgleichen, da die Nutzungsstrukturen in einem derartigen System flexibel, kreativ und non-linear ausgerichtet sind. Das formelle Informationssystem Intranet weist zahlreiche Prinzipien der informellen Informationsübertragung auf. E-Mails sind bspw. ein Medium der schriftlichen Kommunikation, das im Gegensatz zum Geschäftsbrief informelle Aspekte aufweist. Häufig wird in E-Mails das vertraute Du angewendet, die Gestaltung der Nachrichten ist nicht oder kaum formal geregelt, Orthographie spielt häufig eine untergeordnete Rolle. Neben diesen informellen Aspekten weisen E-Mails aber auch formelle Aspekte auf, da sie leicht archiviert und weiterverarbeitet werden können. Die Informations- und Kommunikationsfunktionen des Intranets haben formelle und informelle Merkmale, der Anwender kann das Medium wählen, das seinen Ansprüchen und den Anforderungen der Organisation am besten entspricht.

6.3.2 Informations- und Kommunikationssysteme

Informations- und Kommunikationsbeziehungen und -prozesse sind ein grundlegendes Merkmal von Organisationen. Information und Kommunikation dienen der Steuerung und Regelung von Organisationen. Informationen werden innerhalb der Organisation sowie mit der Umwelt ausgetauscht. Sie dienen der Koordination der Organisationsprozesse und der Entwicklung von Problemlösungspotential. Darüber hinaus haben Information und Kommunikation in Organisationen auch soziale Funktionen, da sie die informellen Beziehungen der Organisationsmitglieder beeinflussen.[136]

Informations- und Kommunikationssysteme in Organisationen bilden die Infrastruktur für die Informations- und Kommunikationsprozesse. Diese Systeme können nur dann der Zielerreichung dienen, wenn eine große Anzahl der Kommunikationspartner, im Idealfall alle, an das System angeschlossen sind. Bisherige technische Systeme lassen diesen Aspekt häufig außer acht.[137] Sie dienen nur einem speziellen Kreis von Personen innerhalb der Organisation oder sie sind nur auf ein Ziel oder Problem ausgerichtet. Die ganzheitliche Konzeption des Intranets kommt der Idealvorstellung hingegen nahe.

Die Informationsvermittlung steht durch neue technische Entwicklungen sowie organisatorischen und gesellschaftlichen Veränderungen vor neuen Herausforderungen. Trotz der unterschiedlichen Formen der Informierungsprozesse in Organisationen kann man davon sprechen, daß die Informations- und Dokumentationssysteme im Zentrum der Informationsprozesse stehen.

Informationssysteme dienen der optimalen Zielerreichung der Organisation. Sie sind insbesondere auf eine Beschleunigung des Informationstransports und eine Verkürzung der Durchlaufzeiten ausgerichtet. Kooperationspartner sind besser erreichbar, sowohl organisationsintern als auch im Austausch mit der Umwelt. Die Mitglieder der Organisation werden bei zeitaufwendigen Routinefunktionen entlastet, die frei werdende Zeit kann für andere, qualifiziertere Tätigkeiten genutzt werden. Die Dokumentation der anfallenden

---

[136] Vgl. Reichwald und Nippa (1992), Spalte 856.

[137] Vgl. Picot und Reichwald (1987), Seite 100.

Informationen wird allgemein erleichtert und verbessert. Die Kommunikationsqualität nimmt zu, da eine bessere Koordination, Verständigung und Informationsversorgung ermöglicht wird. Es entstehen Integrationseffekte, da die Ebenen der Informationsverarbeitung zusammenwachsen. Arbeitsprozesse werden durch die allgemeine Verfügbarkeit der Informationen transparent. Der informale Informationsaustausch über große Entfernungen wird durch neue oder weiterentwickelte Kommunikationsformen verbessert. Darüber hinaus ist eine Mobilisierung der Informationsmöglichkeiten festzustellen.

In hierarchischen Organisationsstrukturen wurde besonderer Wert auf die formale Kommunikation, üblicherweise in schriftlicher Form, gelegt. Die Kommunikation fand zwischen höheren und niedrigeren Hierarchieebenen statt, um spezialisierte Aufgaben erfüllen zu können. Kommunikation auf gleicher Hierarchieebene war nicht notwendig, da die Koordination der Aufgaben in der Verantwortung der nächst höheren Ebene lag. Informale Kommunikation wurde negativ aufgefaßt, da Verantwortung nicht konkret zuzuordnen war. Kommunikation diente der Kontrolle und Verantwortungszuweisung.[138]

In neueren Organisationsmodellen treten hingegen individuelle Leistungen in den Vordergrund. Hierarchie, Kontrolle und Autorität verlieren an Bedeutung. Selbstkontrolle und Eigenverantwortung der Mitglieder der Organisation erfordern andere Kommunikationsformen. Diese individualistische Sichtweise wurde vor allem im Human Relations-Ansatz diskutiert. Beziehungen und Prozesse der zwischenmenschlichen Kommunikation standen im Mittelpunkt dieser Diskussion. In der Praxis haben sowohl die formale als auch die informale Kommunikation ihre Bedeutung. Effiziente Kommunikationssysteme müssen beide Formen unterstützen. Diese Erkenntnis und empirische Untersuchungen belegen, daß Kommunikationsstrukturen in Organisationen der Zielerreichung am meisten dienen können, wenn die Mitglieder die Strukturen kennen und mit der Anwendung vertraut sind.[139]

Von besonderer Bedeutung ist die Geschwindigkeit der Übermittlung von Nachrichten. Organisationsstruktur und Anzahl der Organisationsebenen sind Variablen, die die Übermittlungsgeschwindigkeit bestimmen. Die Zeit, die zur vollständigen Verbreitung einer Nachricht notwendig ist, ist minimal, wenn die Verbreitung im Zentrum der Struktur beginnt. Je geringer die Zahl der Hierarchieebenen ist, und je größer die Zahl der Verbindungen innerhalb der Organisation ist, desto schneller kann die Kommunikation ablaufen.

Bisherige Kommunikationsmodelle (Bavelas, Fayol) gehen von der Existenz eines Informationsvermittlers innerhalb einer Organisation aus, der die Informationen beschafft, aufbereitet und verteilt (beispielsweise ein Vorgesetzter oder eine Informationsabteilung). In der organisatorischen Hierarchie kommt dieser Person eine entscheidende Bedeutung zu. Intranets heben diese Funktionseinheit jedoch auf oder schwächen die Bedeutung ab, da Informationen von allen Mitgliedern im System bereitgestellt und von allen Interessierten abgerufen werden. Kommunikation findet zwischen den unmittelbar Betroffenen statt.

---

[138] Vgl. Sashkin (1975), Seite 136.

[139] Vgl. Sashkin (1975), Seite 141.

Der Einsatz eines Intranets als Informations- und Kommunikationssystem in einer Organisation kann die Effizienz einer Organisation, beispielsweise eines Unternehmens oder einer Behörde, verbessern. Die tatsächliche Realisierung der möglichen Effizienzsteigerungen erfordert jedoch nicht nur die Auswahl der passenden technischen Lösungen sondern auch die Berücksichtigung der Auswirkungen eines neuen Systems auf Arbeitsabläufe, Organisationsstrukturen sowie die Informations- und Kommunikationsprozesse in der Organisation.

Die Vernetzung der Arbeitsplätze in einer Organisation bewirkt eine Veränderung der Kommunikationsbeziehungen zwischen den Mitgliedern der Organisation. Die direkte zwischenmenschliche Kommunikation geschieht in den meisten Fällen mit Hilfe der Sprache. Diese Form der Kommunikation hat als herausragendes Merkmal, daß auf gesprochene Inhalte eine unmittelbare Reaktion erfolgen kann. Diese Form der Kommunikation ist in der Vergangenheit bereits erfolgreich durch ein technisches Hilfsmittel erweitert worden, dem Telefon. Die Kommunikation in vernetzten Systemen, beispielsweise im Intranet, ist durch vier Merkmale gekennzeichnet:[140]

- Multilateralität: Der Austausch von Botschaften mit Hilfe von Informations- und Kommunikationstechniken ist nicht auf zwei kommunizierende Partner beschränkt. Bestimmte Elemente des Intranets wie beispielsweise Newsgroups und Chats ermöglichen die Kommunikation von mehreren auch anonymen Individuen.

- Individualisierung: Die Individualisierung der Kommunikation beinhaltet, daß für verschiedene Zwecke verschiedene Kommunikationsmittel verwendet werden können, beispielsweise das Telefon für kurze persönliche Mitteilungen, E-Mail für schriftliche Mitteilungen oder ganze HTML-Seiten für breit angelegte Ankündigungen. Dem Mitglied der Organisation stehen diverse Kommunikationsmittel zur Verfügung. Die Auswahl richtet sich nach Zweck und Verfügbarkeit.

- Asynchrone Kommunikation: In technischen Systemen wie dem Intranet können Informationen gespeichert und zeitversetzt abgerufen werden. Der Kommunikations- partner muß nicht direkt erreicht werden, er kann die Nachricht zu einem späteren Zeitpunkt abrufen, beispielsweise eine E-Mail oder ein Newsgroup-Eintrag.

- Mobilität: Systeme wie das Intranet ermöglichen den Mitgliedern einer Organisation eine gesteigerte Mobilität. Nachrichten und Informationen können an den unterschied- lichsten Orten abgerufen werden, beispielsweise an einem anderen Arbeitsplatz oder per Ferneinwahl von zu Hause aus.

Die Ausprägungen der technisch vermittelten Kommunikation wirken sich auf die Kommu- nikationsbeziehungen und das Informationsverhalten in Organisationen aus. Die Kommunikation der Mitglieder der Organisation nach innen und nach außen sowie die Organisation der Arbeitsabläufe innerhalb des Systems werden durch die Einsatz von informations- und kommunikationstechnischen Systemen wie dem Intranet bestimmt bzw.

---

[140] Vgl. ISDN-Forschungskommission des Landes NRW (Hrsg.) (1993).

beeinflußt. Der höhere Grad der Informiertheit führt bspw. zu einer stärkeren Identifizierung mit den Organisationszielen.

6.3.3 Informationsmanagement

Drei Faktoren erfordern von Organisationen einen neuen Umgang mit Informationen:[141]

- die zunehmende Dynamik und Komplexität der Organisationsumwelt

- die Innovationspotentiale der Informations- und Kommunikationstechnologien

- der Wertewandel in der Gesellschaft und den betroffenen Teilsystemen

Der Austausch innerhalb der Organisation und mit der Umwelt geschieht über Informationen. Das Funktionieren der Organisation und der Einsatz der Produktionsfaktoren der Organisation, deren Beschaffung und Transformation erfordern die Verwendung von Informationen. Neue Managementformen verlangen nach dem selbständig agierenden Mitarbeiter, der wiederum auf umfassende Informationen angewiesen ist. Die Ressource Information ist neben Arbeit, Kapital und Boden ein entscheidender Produktionsfaktor geworden.

Die Planung und Gestaltung der Informationsverarbeitung sowie der Informations- und Kommunikationssysteme wird als Informationsmanagement bezeichnet. Das Informationsmanagement hat folgende zentrale Aufgaben in den Organisationen:

- Es müssen die richtigen Informationen zur Verfügung gestellt werden.

- Die Informationen müssen zum erforderlichen Zeitpunkt zur Verfügung stehen.

- Die Informationen müssen dort zur Verfügung stehen, wo sie benötigt werden.

- Die Informationen müssen optimal aufbereitet sein.

- Die Bereitstellung der Informationen geschieht unter wirtschaftlichen Gesichtspunkten.

In den Organisationen wirft das Management der Informationsstrukturen Probleme auf, da die bisherige organisationsinterne Datenverarbeitung zentral aufgebaut ist und die Informationstätigkeiten wie die Beschaffung, der Aufbau, die Erschließung und die Aufbereitung der Informationen in den verschiedenen Fachabteilungen geschieht. Sowohl die technischen Komponenten als auch die Inhalte erfordern bei der Umsetzung eines erfolgreichen Informationsmanagement eine einheitliche Planung, Kontrolle und Steuerung.

In den Organisationen sind die Informationen in unterschiedlichen Abteilungen und Hierarchieebenen verfügbar. Darüber hinaus können Informationen von außen aufgenommen werden. Die Informationen sind in unterschiedlicher Form gespeichert, organisiert und abrufbar. Die Verwaltung bzw. das Management dieser Informationen erfordert eine integrierte und offene Struktur, wie sie das Intranet bietet.[142]

---

[141] Vgl. Herget (1997), Seite 781.

[142] Herget (1997), Seite 784.

All diese informationellen Ressourcen erfordern eine integrierte Sichtweise. Eines der zentralen Probleme ist es also, wie die organisationsinternen Informationen (oder Wissensbestände), die in den verschiedenen Zuständigkeitsbereichen organisiert sind, als eine Ressourcenkategorie begriffen und zu einer möglichst optimalen Ausschöpfung durch die Organisationsmitglieder gebracht werden können.

6.3.3.1 Informationszugriff und Kontrolle der Inhalte

Die Verantwortlichkeit für die Richtigkeit der Informationen sowie die Verteilung der Zugriffs- und Änderungsrechte muß geregelt sein. Diese Elemente müssen nicht nur bei der Einrichtung eines Intranets beantwortet werden, sondern sind allgemein bei der Bereitstellung von Informationen relevant. In einem Intranet sind diese Problembereiche allerdings von zentraler Bedeutung, da große Teile der Organisation, im Idealfall alle Mitglieder, dem System Informationen hinzufügen können. Der Informationsfluß und die damit verbundenen Kommunikationsprozesse in einem Intranet müssen aktiv unterstützt werden. Dafür ist eine abgestimmte Strategie der Organisation für das Informationsmanagement notwendig.

Der individuelle Besitz von Informationen und die Beschränkung des Informationszugriffs ist für die bisherigen Inhaber ein Faktor zur Stärkung der eigenen Position und Machtstellung.[143] Für die Erreichung der Organisationsziele ist es allerdings von Bedeutung, daß jedem die zur Aufgabenerfüllung notwendigen Informationen zur Verfügung stehen. Die Vorteile der Information werden für eine Organisation erst dann relevant, wenn sie genutzt, analysiert und weiterverarbeitet werden. Auf Basis allgemein verfügbarer Informationen müssen Entscheidungen getroffen und Handlungen abgestimmt werden. Der Erfolg eines Intranets beruht darauf, daß die Beschränkung des Informationszugriffs aufgehoben wird.

Die Beschränkung des Informationszugriffs beruht allerdings nicht nur auf hierarchischen Strukturen. Komplizierte technische Informationssysteme reduzieren den Umfang der Informationsnutzung sowie die Nutzerbasis. Für eine umfassende Informationsverteilung ist es entscheidend, daß dem Benutzer die Informationen in einem entsprechenden Format präsentiert werden. Eine effektive Archivierung und entsprechende Retrievalfunktionen bei der Nutzung der Informationen sind für den Erfolg des Systems relevant. Diese Probleme treten bei der Einrichtung eines Intranets in den Vordergrund.

Ob in Intranets Zensur oder eine herausgeberische Kontrolle ausgeführt wird, hängt von der Unternehmenskultur ab. Der Grad der Offenheit und die Struktur des Unternehmens spiegelt sich in der Strategie für die Inhalte des Intranets wider. Die Kontrolle der Inhalte kann durch von den Nutzern bestimmte, allgemein akzeptierte Grundsätze bestimmt werden oder in einer präziseren Form von Verantwortlichen definiert werden.[144] Viel hängt von der Offenheit der Struktur der Organisation ab. Aufgrund der offenen Strukturen eines Intranets und den vernetzten Strukturen moderner Organisationsformen kann eine rigide

---

[143] Vgl. Hanft (1996), Seite 133-162.

[144] Vgl. Guengerich u.a. (1996), Seite 347-352.

Kontrolle des Informationszugriffs oder strenge Reglementierungen des Informationsnutzungsverhalten kontraproduktiv wirken.

6.3.3.2 Informationspolitik

Von besonderer Bedeutung ist die Frage, ob der Fluß der Informationen gefördert, bzw. gesteuert oder ob ein freier Fluß der Informationen zugelassen wird. Bei der Weitergabe von Informationen kann eine Auswahl getroffen werden, es können auch Regeln bestehen, die die Inhalte der Informationen steuern, beschränken oder regulieren. Die andere Alternative besteht darin, den Nutzern des Systems die Wahl zu lassen, welche Informationen publiziert werden und welche Informationen für die Abläufe der Organisation von Bedeutung sind. Im Idealfall sollten Informationen allen zugänglich sein und der Zugriff nur aus Sicherheits- und Datenschutzgründen beschränkt werden.

Wie bei den meisten soziotechnischen Systemen wirft auch beim Intranet die soziale Komponente die meisten Schwierigkeiten auf. Zugriff auf Technologien und Informationen, Organisationsstrukturen, Fähigkeiten der Menschen und Arbeitsmethoden spielen beim erfolgreichen Einsatz eines Intranets eine entscheidende Rolle.

Es muß sichergestellt werden, daß diejenigen, die Informationen suchen und nutzen, einen ausreichenden Zugriff auf die entsprechenden Technologien haben. Auf diese Weise kann ein Intranet dazu beitragen, daß Informationen aktuell und kostengünstig zur Verfügung stehen. Dies beinhaltet, daß auf die Informationen zugegriffen werden darf. An dieser Stelle ist oft ein kultureller oder zumindest strategischer Wandel in den Organisationen erforderlich, da Informationen auf breiter Basis zur Verfügung gestellt werden müssen und zusätzlich in einer Form vorliegen, die von der Masse der Anwender verstanden wird. Bestehende Systeme verhindern häufig den Zugriff, so daß die Informationen nur einem ausgewählten Kreis zur Verfügung stehen, was bestehende Hierarchien, in Bezug auf Struktur, Verfügbarkeit und Zugriff auf die Informationen verfestigt.

Von entscheidender Bedeutung sind auch die Fähigkeiten zur Nutzung der Informationen in einem Intranet. Da die Informationen einer breiten Masse von Nutzern zur Verfügung stehen sollen, kommt es auf deren Fähigkeiten an, die Informationen effektiv nutzen zu können.[145] Die Individuen dürfen nicht durch komplizierte technische Verfahren von der Nutzung der Informationen ausgeschlossen werden. Technische Fähigkeiten dürfen bei einem Intranet nicht im Vordergrund stehen, sondern die Analyse, Interpretation und Nutzung der Informationen. Die Mitarbeiter müssen zur Nutzung der Informationen angeleitet werden, um die richtigen Entscheidungen fällen zu können.

6.3.3.3 Informationsversorgung

Neue Kommunikationstechnik in Organisationen führt zu einer Verbesserung und Erleichterung der Informationsversorgung. Dabei wird sowohl die aktive als auch die passive

---

[145] Vgl. Guengerich u.a. 81996), Seite 356-358.

Informationsversorgung verbessert. Die Informationsgeschwindigkeit und die Qualität der übermittelten Informationen nehmen zu.[146]

Suche, Auswertung und Weiterverarbeitung von Informationen aus internen und externen Datenbeständen wird durch die Technik verbessert. Darüber hinaus wird die individuelle Kommunikation durch die sprachliche, textuelle und visuelle technikgestützte Kommunikation wirkungsvoll unterstützt. Die Versorgung des Organisationsmitglieds mit entscheidungsrelevanten sowie grundlegenden Informationen wird verbessert. Voraussetzung ist ein einfacher und bequemer Zugriff auf die Technik. Die verbesserte Informationsversorgung ermöglicht eine bessere Entscheidungsqualität.

Eine unkontrollierte Informationsversorgung kann aber auch negative Auswirkungen auf die Entscheidungsprozesse des Individuums haben: eine Überversorgung an Informationen, ein sogenannter Information Overload. Insbesondere nach der Einführung neuer technischer Informationssysteme kommt es zu einem Information Overload-Effekt, da die Individuen mit der effektiven Nutzung der Informationen nicht vertraut sind. Die Schwierigkeit liegt darin, daß überflüssige Informationen kaum definiert oder ausgegrenzt werden können, da nicht sicherzustellen ist, ob bestimmte Informationen nicht doch für die Aufgabenerfüllung oder die Entscheidungsfindung relevant sind. Kompetentes Informationsverhalten der Mitarbeiter ist der Schlüssel für die optimale Informationsversorgung.

6.3.3.4 Wirtschaftlichkeit von Informations- und Kommunikationssystemen

Neue Techniken zur Unterstützung der Informations- und Kommunikationsprozesse in Organisationen können sich nur dann durchsetzen, wenn sie wirtschaftlich sind, also die Kosten in einem ausgeglichenen Verhältnis zum erzielten Ergebnis stehen. Überproportional hohe Kosten lassen sich nur dann rechtfertigen, wenn die neuen Systeme der Zielerreichung der Organisation ebenfalls in gesteigertem Maße dienen. Neue Systeme wie das Intranet werden also einer Wirtschaftlichkeitsprüfung unterzogen, die sich an Leistungs- und Kosten-kriterien orientiert. Folgende Kriterien sind zu bewerten:[147]

Leistungskriterien:

- Schnelligkeit der Informationserstellung, Übertragung und Rückkopplung

- Exaktheit und Dokumentierbarkeit

- Räumliche und zeitliche Unabhängigkeit

- Möglichkeiten der Weiterverarbeitung

- Wiederauffindbarkeit

- Transparenz

- Aktualität der Informationsversorgung

---

[146] Vgl. Picot und Reichwald (1987), Seite 146.

[147] Vgl. Picot und Reichwald (1987), Seite 97.

- Kooperationsmöglichkeiten (intern/extern, vertikal/horizontal)

- Partizipationsmaß

Kostenkriterien:

- Gerätekosten

- Einrichtungskosten

- Wartungskosten

- Kosten für den Betrieb

- Leitungskosten

- Kosten des Kodierens und Dekodierens

- Kosten der Organisationsumstellung

- Bedienungs-/Fehlbedienungskosten

- Kosten für Schulung und Einweisung

- Ausfallkosten/Wiederanlaufkosten

- Kosten für höherqualifiziertes Personal

Die aufgeführten Kosten- und Leistungskriterien sind mit den in Kapitel 3.4 beschriebenen Merkmalen des Intranets in Beziehung zu setzen. Sowohl im Bereich Leistung als auch im Bereich Kosten lassen sich durch die Einrichtung eines Intranets Vorteile erzielen.

Wirtschaftliche Organisationen versuchen, durch die Einrichtung eines Intranets Vorteile gegenüber anderen Unternehmen zu erzielen, die im gleichen Marktsegment engagiert sind. Ein Intranet nur aus Wettbewerbsgründen einzurichten, hat keine dauerhafte Wirkung. Wettbewerbsvorteile durch den Einsatz neuer Informationstechnologien bewirken nur einen kurzfristigen, zeitlich begrenzten Vorsprung gegenüber der Konkurrenz.[148] Organisationen können durch das Publizieren von Informationen im Intranet Kosten für Druck, Papier und Verteilung von traditionellen Printprodukten sparen.[149]

6.3.4 Organisationales Wissen

Die Diskussion um das Wissen in Organisationen hat sich intensiviert, seitdem Wissen als wichtige strategische Ressource gehandelt wird. Wissen gilt als Kernkompetenz für den Erfolg von Organisationen und die Einzigartigkeit strategischer Positionen.[150]

---

[148] Vgl. Laker und Petersdorf (1997), Seite 45.

[149] Vgl. Ring (1997).

[150] Vgl. Hanft (1996), Seite 134.

Organisationen erhalten Wissen und Informationen vorrangig über die Auswertung direkter oder indirekter Erfahrungen, die innerhalb der Organisation oder im Austausch mit der Umwelt erworben werden.[151]

Wissen in Organisationen wird sehr unterschiedlich zur Erreichung der Organisationsziele eingesetzt, da bereits vorhandenes Wissen in manchen Organisationen unzureichend erschlossen ist und den Organisationsmitgliedern, die dieses Wissen benötigen, nicht zur Verfügung steht. Organisationen, Organisationseinheiten und Organisationsmitglieder sind nur unzureichend über die Wissensbestände der Organisation informiert. Durch eine fehlende oder unzureichende Vernetzung der Wissensbestände gehen den Organisationen Synergieeffekte verloren.[152] Mit der Einrichtung eines umfassenden Informations- und Kommunikationssystems wie dem Intranet wird angestrebt, diese Defizite zu beheben, denn die Verbreitung und Interpretation von Wissen erfolgt in Interaktionsprozessen, die durch ein Intranet gesteigert werden.

In der Kommunikationsforschung werden die Interaktionsprozesse in Organisationen als Sender-Empfänger-Beziehungen beschrieben. Mangelndes Wissen und Informationsverluste sind dabei auf eine Störung der Übertragung zurückzuführen. In lernenden Organisationen, unterstützt durch ein Informations- und Kommunikationssystem eines Intranets, wird die Übertragung und die Vernetzung des Wissens optimiert.

Die Vermittlung und Interpretation von Wissen erfolgt in Interaktionsprozessen, in denen die Mitglieder von Organisationen lernen, welche Bedeutung bestimmte Informationen und Wissensbestände für die anderen haben. Der Dialog ist der zentrale Bestandteil des Organisationalen Lernens, in dem neue Einflüsse auf Basis des bestehenden Wissens analysiert und interpretiert werden. Neue Einflüsse aus der Umwelt oder aus den Wissensbeständen der anderen Organisationsmitglieder werden im Dialog integriert. Diese Lernprozesse erfordern zwei Grundbedingungen:[153]

- Bei den Organisationsmitgliedern muß eine Bereitschaft für den Dialog und den Austausch von Wissen und Informationen vorhanden sein.

- Die Organisationsstruktur muß den Dialog und den Austausch von Informationen unterstützen.

Informationssysteme sind die idealen Träger des organisationalen Wissens, da ihre Speicherkapazität und Verarbeitungsgeschwindigkeit alle anderen Speichermedien und die menschlichen Informationsverarbeitungsfähigkeiten übersteigt. Die Bedeutung der Informationssysteme ist jedoch begrenzt, da sie nur deklaratives Wissen bieten, das von den Benutzern bewußt abgerufen werden muß. Prozedurales Wissen kann nur schwer gespeichert und abgerufen werden.[154] Das Intranet kann hier aber durch Hypertextstruktur

---

[151] Vgl. Hanft (1996), Seite 136.

[152] Vgl. Huber (1991), Seite 101.

[153] Vgl. Hanft (1996), Seite 142.

[154] Vgl. Oberschulte (1992), Seite 58-59.

und Browsing-Funktionen Abhilfe schaffen. Das Intranet ermöglicht es einem größeren Personenkreis, Wissen intern und extern auszutauschen und damit das organisationale Wissen zu erweitern. Das Intranet erschließt dieses organisationale Wissen allen Mitgliedern, anders als spezialisierte Informationssysteme der vorhergehenden Generation, die nur für Spezialbereiche eingesetzt oder von Einzelgruppierungen angewandt wurden.

6.3.5 Information und Intranet

In einem Intranet wird die Verantwortung für das Informationsmanagement von technischen Experten (Systemverwalter, Datenbankprogrammierer etc.) auf die Produzenten der Informationen übertragen. Die Initiierung und Steuerung des Informationsflusses geht ebenso in den Verantwortungsbereich der Informationsersteller, im Idealfall auf jedes Mitglied der Organisation über. Die Produzenten von Informationen sorgen nicht mehr für eine Verbreitung der Informationen, der Informationsfluß wird von den Informationsnutzern gesteuert. Der Informationsnutzer kann die Informationen im Bedarfsfall abrufen. Informationspathologien[155], wie die Informationsüberflutung oder ein Mangel an relevanten Informationen, die durch die Verteilung der Informationen durch die Produzenten entstehen, werden vermieden. Die Produzenten der Informationen müssen keine Zwischeninstanz einschalten, um Inhalte publizieren zu können.

Dieses Prinzip des Intranets erfordert nicht nur Konzepte und neue Infrastrukturen im Bereich der technischen Systeme, sondern vor allem einen Wandel der Einstellungen der Mitglieder der Organisation sowie der Organisationskultur. Die technisch Verantwortlichen in Organisationen müssen dazu übergehen, technische Probleme nicht selbst zu lösen, sondern den Produzenten von Informationen die Hilfsmittel und Anleitungen bereitzustellen, um selbst diese Aufgaben erfüllen zu können. Informationsproduzenten müssen lernen, zu publizieren, ohne zusätzlich für eine Distribution der Informationen sorgen zu müssen. Die Nutzer von Informationen müssen ihre neuen Informationsbedürfnisse erkennen und aktiv Informationen beziehen.[156]

Das Mitglied einer Organisation benötigt die Informationen, um seine Aufgaben im Rahmen der Zielsetzungen der Organisation zu erfüllen. Ein Informationssystem wie das Intranet stellt sicher, daß diese Informationen bei Bedarf ohne Zeitverzögerung und Einbeziehung Dritter zur Verfügung stehen.[157]

In den Organisationen finden in Bezug auf den Umgang mit Informationen ein Paradigmenwechsel statt.[158] Die technischen Möglichkeiten eines Intranets wirken sich auf das Informationsmanagement und die Informationsnutzung in der Organisation aus. Folgende Veränderungen kennzeichnen die Informationsprozesse in einem Intranet:

---

[155] Vgl. Scholl (1992), Spalte 900-912.

[156] Vgl. Telleen (1997), Kapitel 2.

[157] Vgl. Schätzler und Eilingsfeld (1997), Seite 8.

[158] Vgl. Bullinger, Dormeier und Renner (1997), Seite 9-10.

- Informationen werden auf Abruf bereitgestellt. Informationen sind ständig organisationsweit und bedarfsgerecht verfügbar.

- Informationen werden ereignisorientiert aktualisiert, d.h. Informationen werden nicht mehr periodisch beispielsweise als Mitarbeiterzeitschrift veröffentlicht, sondern sofort beim Eintreten einer Veränderung.

- Für verschieden Arten von Informationen stehen passende Verteilerstrukturen zur Verfügung. Generelle Informationen werden als HTML-Seiten publiziert, Informationen für Gruppen werden in Videokonferenzen, Newsgroups oder als Sammel-E-Mail verteilt und singuläre Informationen werden per E-Mail verschickt.

- Die Informationen werden an der Quelle publiziert und aufbereitet, d.h. an den Punkten, an denen sie entstehen oder vorhanden sind. Eine zentraler Zugang bietet zwar universelle Strukturen und Suchmöglichkeiten, Daten und Informationen werden aber dezentral bereitgestellt. Die Verantwortung für die Inhalte liegt in den meisten Fällen bei den direkten Produzenten.

Die Ausbreitung von Intranets wird durch einen Paradigmenwechsel in der Organisationsführung und Organisationsgestaltung gefördert. Zentrale Entscheidungsstrukturen werden durch dezentrale, adaptive Innovationsstrukturen ersetzt. Die Verlagerung der Entscheidungsfindung von der zentralen Organisationsführung auf eigenständige, selbstregulierende Subsysteme führt nach Auffassung der allgemeinen Systemtheorie dazu, daß Organisationen stabiler sind und auf komplexe Veränderungen in der Umwelt besser reagieren können. Die Dezentralisierung der Entscheidungsfindung erfordert eine umfassende Informationsversorgung in den Subsystemen. Ein Informationssystem wie das Intranet kann diese Informationspolitik gewährleisten.

6.3.6 Organisationales Lernen

Die Fähigkeit des Lernens wird Organisationen zugesprochen. Letztendlich sind zwar die Individuen in den Organisationen in die Lernprozesse involviert, die Organisationen besitzen aber Eigenschaften, die nicht durch die Eigenschaften Einzelner oder durch die Summe der beteiligten Mitglieder der Organisation hinreichend erklärt werden können. Das Lernen entsteht durch die schematischen Interaktionen und Verhaltensmuster in den organisationalen Systemen.[159] Dieser systemtheoretische Ansatz darf aber nicht außer acht lassen, daß Organisationales Lernen auf individuellen Lernprozessen basiert.

Organisationales Lernen ist ein Prozeß der Veränderung der Wissensbasis einer Organisation. Die Erweiterung der Wissensbasis einer Organisation beruht auf der Interaktion zwischen Individuum und Organisation sowie auf der Interaktion mit der internen und externen Umwelt. Eine Analyse des Organisationalen Lernens muß daher strukturelle Gegebenheiten, Prozesse der Interaktion und die Auswirkungen der Veränderungen

---

[159] Vgl. Glynn, Lant und Milliken (1994), Seite 75.

beinhalten.[160] Das Intranet fördert aufgrund seiner offenen Strukturen, Bedienungsfreundlichkeit und allgemeinen Verfügbarkeit das Organisationale Lernen.

Die Definitionen des Organisationalen Lernens beschreiben folgende Hauptmerkmale:[161][162]

- Organisationales Lernen ist ein Prozeß, der im Austausch zwischen Individuum und Organisation abläuft.

- Das Organisationale Lernen beinhaltet, daß die Mitglieder einer Organisation Wissen und Informationen über die Beziehungen der Organisation zur Umwelt erwerben. Dieses Wissen wird legitimiert und untereinander kommuniziert, was den Bestand der Organisation sichert.

- Organisationales Lernen bedeutet einen kontinuierlichen Transformationsprozeß für die Organisation, bei der die Ergebnisse des individuellen Lernens zusammengefaßt werden, um Änderungen in kollektiven Annahmen, Zielen und Normen zu bewirken.

- Das Organisationale Lernen beinhaltet eine Veränderung der Wissensbasis der Organisation.

- Organisationales Lernen ist ein Wechselspiel zwischen Individuen und der Organisation.

- Der Prozeß des Organisationalen Lernens findet in der Interaktion mit der internen und/oder der externen Umwelt statt.

- Das Organisationale Lernen findet auf Grundlage der bestehenden Handlungsmuster der Organisation statt.

- Das Organisationale Lernen trägt zur internen Systemanpassung, zur Anpassung an die externe Umwelt und zur erhöhten Problemlösungsfähigkeit des Systems bei.

Der einfache Erwerb von Wissen stellt dabei noch nicht das Organisationale Lernen dar. Von besonderer Bedeutung sind die nachgelagerten Prozesse des Wissenserwerbs, dies sind die Aufbereitung, Speicherung und Verteilung des Wissens. Dieses nachgelagerte Informations- und Wissensmanagement ermöglicht es den Organisationen, das Organisationale Lernen umzusetzen.[163]

Lernen viele oder alle Mitglieder einer Organisation, anstelle einzelner Personen oder spezialisierter Einheiten der Organisation, werden Synergiepotentiale freigesetzt, da das Wissen innerhalb der Organisation aus unterschiedlichen Perspektiven diskutiert und hinterfragt wird. Vorhandene Kenntnisse werden mit neuen Einflüssen und Ansichten konfrontiert. Durch Kommunikation werden Unklarheiten beseitigt und Wissenslücken

---

[160] Vgl. Hanft (1996), Seite 134-135.

[161] Prange, C. (1996), Seite 167.

[162] Vgl. Pawlowsky (1992), Seite 204.

[163] Vgl. Prange u.a. (1996).

geschlossen.[164] Das Intranet fördert diesen Wissensaustausch zwischen den einzelnen Subsystemen.

Interorganisationale Kooperationen sind eine weitere Möglichkeit für Organisationen, einen Wissenstransfer durchzuführen. Kooperationsbeziehungen von Organisationen, wie beispielsweise zwei unabhängigen Unternehmen, ermöglichen es den einzelnen Organisationen, Wissen in die eigene Organisation einfließen zu lassen, das auf anderen Wegen nur schwer zu erwerben ist. Als Beispiel kann hier ein Joint-Venture zweier Unternehmen dienen, bei dem sich das eine Unternehmen einen Zugang zu einem anderen nationalen Markt verspricht und das andere Unternehmen technisches Know-how erlangen möchte. Diese Prozesse können durch das Informations- und Kommunikationssystem eines Intranets intensiviert und ausgeweitet werden.

Eine weitere Möglichkeit der interorganisationalen Kooperation ist die Zusammenarbeit von Unternehmen und Zulieferern, die ebenfalls durch ein Intranet intensiviert werden können (Siehe Kapitel 6.5). Ein qualitativ hochwertiges Organisationales Lernen wird hierbei erzielt, wenn die Wissenskopplungen nicht nur der Gewinnmaximierung oder dem Lösen aktueller Probleme dienen, sondern einen grundsätzlichen, strategischen Austausch beinhalten. Die Organisationen entwickeln sich zu einem Netzwerk.[165]

Andererseits können zunehmende soziale Prozesse und intra- und interorganisationale Strukturen zu einer Verfestigung der bestehenden Strukturen und einer geringeren Bereitschaft zur Umstrukturierung führen. Eingefahrene Beziehungsnetzwerke verstärken die bestehende Organisationsstruktur und stehen einem Wandel entgegen.[166] Organisationen lernen in routinemäßigen Prozessen, die sich im Verlauf der Anwendung immer weiter verfeinern und die immer effizienter werden. Die Effektivität der alten Lernstrukturen wird optimiert, neue Systeme, zumal wenn sie nicht gleich optimal angelegt sind, haben es schwer, sich durchzusetzen. Die Organisationen haben die Handhabung der alten Systeme optimiert, wodurch die Nutzungskompetenz und die Häufigkeit des Einsatzes gesteigert wird. Organisationsmitglieder bevorzugen diese an den alten Strukturen ausgerichteten Formen des Lernens innerhalb der bestehenden Handlungssysteme, da hier der Lernaufwand gering ist und große Veränderungen, die eventuell neue Strukturen und Anpassungsprozesse erfordern, nicht vorkommen. Eine derartige Verfestigung der Lernprozesse kann dysfunktional wirken, wenn dadurch neue, bessere Systeme nicht in Betracht gezogen werden.[167]

Ein Intranet stößt bei der Implementierung also dann auf Schwierigkeiten, wenn ein bestehendes proprietäres System, beispielsweise eine Groupware-Anwendung, lange eingeführt ist und von den Mitarbeitern beherrscht wird. Das Beharrungsvermögen der

---

[164] Vgl. Oberschulte (1996), Seite 50.

[165] Vgl. Prange (1996), Seite 178.

[166] Vgl. Tushman und Romanelli (1985), Seite 177.

[167] Vgl. Hanft (1996), Seite 137.

Organisation bzw. der Organisationsmitglieder verhindert eine Auseinandersetzung mit der neuen Technologie.

Kooperationen beinhalten Lernchancen für die Organisationen, wenn diese dem Organisationalen Lernen aufgeschlossen gegenüber stehen. Die Bereitschaft zu lernen ist eine Grundvoraussetzung für Organisationales Lernen. Diese Bereitschaft muß in allen Teilen der Organisation vorhanden sein. Die Transparenz wird durch den sozialen Kontext, die Einstellungen der Mitglieder der Organisation, die Organisationsstruktur und die Art der zu übermittelnden Informationen bestimmt. Für bestimmte Organisationstypen wie Unternehmen kann es allerdings wichtig sein, die Transparenz nach außen zu minimieren, um einen Abfluß des eigenen Know-Hows zu verhindern. Aus diesem Grund muß beispielsweise ein Intranet Sicherheitsstrukturen aufweisen, die das Ausmaß des zu übermittelnden Wissens kontrollieren und den Zugang zu sensiblen Informationsbereichen regeln.

Die Fähigkeit einer Organisation zu lernen hängt daneben von der Rezeptivität der Mitglieder ab und wird vom Ausbildungsniveau der Individuen und der Schaffung von Zugangsmöglichkeiten durch parallele Strukturen bestimmt.[168]

In der modernen Organisationslehre spricht man von lose gekoppelten Systemen, wenn die Strukturen der Organisation den Mitgliedern der Organisation Freiheit und Eigenständigkeit in Handlungen und Entscheidungen überlassen. Diese Organisationsstrukturen fördern das Organisationale Lernen, da die in Ihnen durch qualifizierte Mitarbeiter, Weiterbildung, Vertrauensorganisation sowie autonome und dezentrale Organisationseinheiten die Kommunikation und der Informationsaustausch gefördert werden.[169]

Eng gekoppelte Systeme sind dagegen durch ihre Inflexibilität anfällig gegenüber nichtprognostizierbaren Störungen aus der Umwelt. Organisationales Lernen stößt in derartigen Systemen auf Akzeptanzprobleme und strukturelle Barrieren. Die Kommunikation in eng gekoppelten Systemen verläuft linear. Die Organisationsstruktur ist hierarchisch gegliedert. Die für das Organisationale Lernen wichtigen Faktoren wie Variation, Improvisation, Innovation und Fehlertoleranz sind in diesen Strukturen nicht vorhanden oder stark bürokratisiert.

6.4 Übergang zur dezentralen Organisation

Dezentraler Einsatz von Informations- und Kommunikationstechniken in Organisationen führt zunächst zu zahlreichen technischen und wirtschaftlichen Auswirkungen. Die Durchlaufzeiten von Nachrichten werden bei einem dezentralen Einsatz der neuen Technik wie empirische Untersuchungen belegen, auf ein Drittel bis ein Sechstel verkürzt.[170] Die Kommunikation wird beschleunigt. Neue Techniken werden darüber hinaus bei dezentraler Aufstellung häufiger genutzt.

---

[168] Vgl. Bushe und Shani (1991) sowie Prange (1996).

[169] Vgl. Staehle (1991), Seite 328.

[170] Vgl. Picot und Reichwald (1987), Seite 113.

Die Komplexität und Vielfalt moderner Tätigkeitsbereiche in Organisationen erfordert zudem eine flexible Verfügbarkeit der Informations- und Kommunikationstechniken. Die Arbeitsmittel müssen leicht verfügbar sein, um auf die sich rascher wandelnden Einflüsse, Anforderungen und Situationen reagieren zu können. Eine dezentrale Bereitstellung der Technik steigert außerdem die Qualität der Kommunikation und der Information, da die Mitglieder der Organisation nur bei dezentralem Zugriff das optimale Kommunikations- und Informationsmedium wählen. Auch hier haben empirische Untersuchungen gezeigt, daß das Individuum das bequemste Kommunikationsmittel wählt, nicht unbedingt das qualitativ angemessene.[171] Darüber hinaus fördert die dezentrale Nutzung der Technik die Nutzungskompetenz und ermöglicht das Entdecken neuer interessanter Einsatzmöglichkeiten.

Der Begriff der Dezentralisierung der Organisationen bezieht sich auf drei Ebenen: eine globale, eine organisationale und eine individuelle:

- Die globale Ebenen beeinflußt die Standortwahl von Organisationen. Organisationen können sich in Ballungszentren oder ländlichen Regionen ansiedeln. Auch die Auswahl des Landes für den Standort einer Organisation kann durch die, durch bessere Informations- und Kommunikationstechnik ermöglichte, Dezentralisierung beeinflußt werden. Unternehmen können bspw. Teile der Organisation in andere Länder verlegen.

- Auf der organisationalen Ebene können bestimmte Teile der Organisation ausgelagert werden. Beispielsweise kann ein Unternehmen oder eine Verwaltung Zweigniederlassungen eröffnen und Funktionen dorthin verlagern. Die Teile der Organisation werden durch technische Systeme wie das Intranet miteinander verbunden, so daß die Einheit der Organisation erhalten bleibt.

- Auf der individuellen Ebene sind die Mitglieder der Organisationen von der Dezentralisierung betroffen. Die Mitarbeiter einer Organisation können Ihre Tätigkeit aus dem zentralen Gebäude der Organisation in andere Bereiche verlagern. Der Außendienst muß weniger oft in die Zentrale, da alle Informationen über eine Fernverbindung zur Verfügung stehen. Telearbeiter können den großen Teil der Arbeit zu Hause erledigen.

Eine besondere Bedeutung beim Übergang zu dezentralen, offenen Formen der Kommunikation und des Wissensaustausches kommt den Beziehungen der Mitglieder der Organisation und den bestehenden Machtstrukturen zu. Kapitel 6.3.6 hat gezeigt, daß Organisationales Lernen nur zustande kommt, wenn ein Dialog zwischen den Mitgliedern der Organisation stattfindet, in dem Wissen, Informationen und Einstellungen ausgetauscht werden. Die Integration von neuem Wissen fällt um so leichter, je mehr auf vorhandene, gemeinsame Deutungsschemata zurückgegriffen wird. Das Lernen und der Wissensaustausch muß aus Sicht der Individuen sinnvoll erscheinen. Die Beharrungskräfte der

---

[171] ebenda

bestehenden Strukturen müssen mit Unterstützung der Betroffenen durchbrochen werden, da die Widerstände gegen einen Wandel ansonsten zu groß wären.[172]

Die Weitergabe von Informationen wird durch die Position des Informationsgebers sowie des Informationsempfängers beeinflußt. Der Informationsfluß wird positiv beeinflußt, wenn dies für die Beteiligten nützlich erscheint und den jeweiligen Interessen dient. Machtstrukturen haben auf die Verbreitung und Interpretation von Wissen einen nicht unerheblichen Einfluß. Macht und Einfluß eines Individuums kann in einer Organisation davon abhängen, ob es über Informationen oder Wissen verfügt, das von anderen nicht geteilt wird. Dies ist für eine offene, lernende Organisation kontraproduktiv. Es gilt, die Machtstrukturen zu brechen, oder den Informations- und Wissensinhabern Anreize zur Weitergabe zu geben. Macht und Einflußzonen in Organisationen basieren auf Sachwissen und funktionaler Spezialisierung, der Kontrolle von Informations- und Kommunikationskanälen sowie den organisatorischen Regeln und Strukturen.[173]

Haben die Mitglieder von Organisationen die gleichen Zielsetzungen, sind ihre Beziehungen eher durch Kooperations- als durch Konkurrenzbeziehungen geprägt. Gleichgerichtete Ziele fördern die Bereitschaft zu konstruktiver Diskussion, substantiellem Informationsaustausch und zur effektiven Zusammenarbeit. Bei der Einrichtung offener Systeme kommt es darauf an, Kooperationen zu fördern und zu stabilisieren.[174] Gruppen- und Teamarbeit lassen sich durch ein Intranet fördern (vgl. Kapitel 3.6), eine grundlegende Voraussetzung für dezentrale Organisationsstrukturen ist damit gewährleistet.

6.4.1 Veränderungen der Anforderungsprofile der Mitglieder von Organisationen

Aus der Sicht der Mitglieder einer Organisation ergeben sich bei der Einführung neuer Kommunikationstechniken und dem Übergang zu neuen Organisationsformen eine Reihe von Chancen und Risiken. Die Entscheidungsspielräume der Mitglieder von Organisationen, sowohl in den unteren als auch in den oberen und mittleren Hierarchieebenen, können sich ändern. Zur Erledigung der Aufgaben in einer dezentralen, heterarchischen Organisation sind andere Qualifikationen erforderlich, die weniger technischer oder inhaltlicher Natur sind, sondern eher kognitive und soziale Kompetenzen erfordern.[175]

Höher qualifizierte Mitarbeiter können durch informations- und kommunikationstechnische Systeme wie dem Intranet bei der Beschaffung wichtiger Informationen unterstützt werden. Routineaufgaben werden vom System übernommen bzw. der Zeitaufwand für diese Tätigkeiten wird reduziert. Die Entscheidungsspielräume der qualifizierten Mitarbeiter werden erweitert.

---

[172] Vgl. Hanft (1996), Seite 142-144.

[173] Vgl. Crozier und Friedberg (1979), Seite 50.

[174] Vgl. Hanft (1996), Seite 146.

[175] Vgl. ISDN Forschungskommission des Landes NRW (Hrsg.) (1995), Seite 44.

Für geringer qualifizierte Mitglieder einer Organisation, beispielsweise eines Unternehmens, entstehen Gefahren, da Arbeitsplätze, an denen Routine- und Hilfsaufgaben ausgeführt werden, abqualifiziert werden. Diese Aufgaben werden in einem immer stärkeren Maße automatisiert. Diese Gefahren können durch organisatorische Maßnahmen aufgefangen werden. Weiterbildung der Mitglieder und stärkere Integration in die Gruppenarbeit ermöglichen den Einsatz dieser Personen in anspruchsvolleren Aufgabenbereichen. Die Wirkungen des Einsatzes der Technik auf die Arbeitsbedingungen der Mitglieder ergeben sich aus den organisationalen Bedingungen.

6.4.2 Benutzerakzeptanz

Intranets können langfristig das Kommunikationsverhalten, die Arbeitsstrukturen und damit auch die Arbeitsweise in Organisationen verändern. Intranets erfordern von den Mitgliedern einer Organisation ein aktives und kooperatives Informationsverhalten. Das Intranet kann seine vorausgesagte Wirkung nur dann erzielen, wenn die Mitarbeiter es akzeptieren. Die Akzeptanz bei den Anwendern muß gefördert und potentieller Widerstand gemindert werden. Die Informationsbeschaffung, -verarbeitung und -weitergabe muß innerhalb der Organisation gefördert werden.[176]

Akzeptanz beinhaltet die positive Annahme oder Übernahme einer Idee, eines Sachverhalts, eines Gegenstandes oder einer Person. Von den Termini Duldung und Toleranz grenzt sich die Akzeptanz durch den Aspekt der aktiven Bereitwilligkeit ab. Die heutige Akzeptanzforschung befaßt sich vor allem mit der Einstellung zur Technik.[177] Dabei wird der Einfluß technischer Änderungen auf organisatorische Strukturen diskutiert; nicht die Technik allein muß akzeptiert werden, sondern vor allem der aus ihrer Veränderung resultierende organisatorische Wandel.

Die Art der organisatorischen Implementierung wirkt sich auf die Akzeptanz aus. Die Geschwindigkeit der Einführung, die Qualität der Verbreitungs- und Schulungsangebote, die Informationsstrategie sowie die Partizipationsmöglichkeiten der Betroffenen beeinflussen die Akzeptanz.[178]

Wenn die bestehende Organisationspolitik bereits den herkömmlichen Austausch von Informationen fördert, so erleichtert dies die Einführung eines Intranets. In Organisationen mit einer offenen Informationspolitik stößt ein nicht-hierarchisches System wie das Intranet auf weniger Widerstand.

Widerstand gegen die Einführung eines Intranets kann von den Entscheidungsträgern kommen, die befürchten, durch die weniger kontrollierbaren Strukturen des Intranets ihre Informationsmacht zu verlieren. Der Führung der Organisation muß bewußt gemacht werden, daß die dezentralen Informationsstrukturen eines Intranets nicht nur den Mitgliedern nutzen, sondern auch den Organisationszielen dienen. Der Prozeß zur Beschaffung,

---

[176] Vgl. von Stein (1996), Seite 28.

[177] Vgl. Wiendiek (1992), Spalte 91-92.

[178] Vgl. Wiendiek (1992), Spalte 96.

Verarbeitung und Weitergabe von Informationen im Intranet ist ein zentraler Punkt bei der Einrichtung eines derartigen Systems.

Die Schulung der Mitarbeiter ist wichtig, um die Akzeptanz eines Intranets zu erhöhen. Die Anwender sollten über die Sicherheitsrisiken und die wichtigsten Sicherheitsmaßnahmen aufgeklärt sein. Auch in der EDV-Technik weniger versierte Nutzer müssen mit grundlegenden technischen Begriffen vertraut sein. Die entsprechenden Sicherheitsmaßnahmen müssen einfach anwendbar sein. Der EDV-Abteilung der Organisation kommt die Aufgabe zu, hierfür die entsprechenden Werkzeuge in Form von Programmen etc. zur Verfügung zu stellen, die Anwender in deren Gebrauch zu schulen und im Bedarfsfall Hilfestellungen zu geben. Das Intranet kann hierbei bereits unterstützend wirksam werden, in dem Anweisungen und Programme leicht zugänglich gemacht werden.

Die Mitarbeiter müssen außerdem die wichtigsten Instrumente eines Intranets verstehen und beherrschen, wie beispielsweise einen Web-Browser, eine Newsgroup oder die Gesamtstruktur des Intranets. Hier gilt es, die Mitarbeiter zu schulen und die Werkzeuge so auszuwählen, daß sie auch von wenig versierten Anwendern erfolgreich bedient werden können.

Passive Informationsnutzer müssen an das Informationsangebot und die Nutzung der Informationen herangeführt werden. Hierbei sind Schulungen und interessante, einfach anzuwendende Angebote sehr hilfreich. Eine erfolgreiche anfängliche Nutzung des Intranets erhöht die Akzeptanz des Systems und ermöglicht eine effiziente Nutzung.

Erfahrene Anwender können ebenfalls Probleme verursachen, wenn sie durch spezielle Konfigurationen oder Beta-Versionen von Programmen das System verändern. Hier gilt es Regeln aufzustellen, die einerseits das System vor Manipulationen schützen und andererseits die Freiheiten der Anwender nicht zu sehr einschränken.

Ein neues Kommunikationsmedium wie die entsprechenden Bestandteile des Intranets können nur dann ihren Nutzen voll entfalten, wenn eine große Anzahl der betroffenen Kommunikationspartner an das Kommunikationssystem angeschlossen sind und es nutzen. Diese Bedingung wird vor allem unter den Gesichtspunkten Technikakzeptanz und Wirtschaftlichkeit diskutiert. Wenn wichtige Kommunikationspartner im System das neue Kommunikationssystem nicht nutzen können bzw. wollen, ist die Kommunikation gestört und der Sinn des neuen Systems in Frage gestellt. Dies gilt für interne und externe Anwendungen neuer Kommunikationsmedien in Organisationen. Die Überlegungen und Betrachtungen im Vorfeld der Einführung neuer Kommunikationssysteme müssen daher stets die gesamte Organisation betreffen und Netzstrukturen sowie Prozesse in Organisationen einbeziehen.

Durch die technikgestützte Kommunikation entsteht eine größere Anzahl von unpersönlichen Kommunikationssituationen. Sozialer Druck oder rhetorische Fähigkeit haben weniger Einfluß auf die Entscheidungen und Strukturen in Organisationen, da eine Kommunikation per E-Mail, Videokonferenz oder Newsgroup zu einer Versachlichung beiträgt.[179]

---

[179] Vgl. Picot und Reichwald (1987), Seite 141.

Eine derartige Versachlichung kann aber auch negative Auswirkungen haben, da die Teilnehmer von zufälligen Informationen ausgeschlossen sind, die vor allem in persönlichen Gesprächen entstehen. Weiterhin kann eine soziale Isolierung oder eine Entfremdung der Organisationsmitglieder entstehen, wenn persönliche Kommunikation nicht stattfindet. Diesen Gefahren muß durch organisatorische Maßnahmen, beispielsweise durch regelmäßige Treffen entgegengewirkt werden.

Neue Informations- und Kommunikationstechniken einer Organisation müssen so implementiert werden, daß sie die umfassenden sozialen Kommunikationsgefüge einer Organisation berücksichtigen. Technische Systeme wie das Intranet müssen Funktionen aufweisen, die die Aufgaben persönlicher und informeller Kommunikation erfüllen bzw. ihr Fehlen ausgleichen. Fehlentwicklungen können so vermieden werden.

Die Informationstechnik ermöglicht eine raschere und in vielen Fällen besser dokumentierte Informationsversorgung der dezentralen Organisationseinheiten. Entscheidungsträger können sich besser untereinander abstimmen, Entscheidungsergebnisse werden schneller übermittelt.

Durch die Informationsstrukturen des Intranets wird ein höherer Delegationsgrad ermöglicht. Organisationen können aufgrund der verbesserten Möglichkeiten Entscheidungskompetenz auf die Mitarbeiter verlagern. Aktuelle Informationen ermöglichen eine bessere Entscheidungskompetenz. Außerdem ist durch schnellere und effektivere Rückkopplungsmöglichkeiten das Delegierungsrisiko geringer. Entscheidungen können schnell diskutiert und evaluiert werden.

Neue Informations- und Kommunikationsstrukturen führen zu einer Verlagerung der Kompetenzen und Tätigkeitsbereiche in Organisationen. Die mittlere Organisationsebene, beispielsweise Verwaltungsbeamte, Sachbearbeiter und mittleres Management sind von dieser Entwicklung betroffen. Bestimmte Funktionsträger in der Organisation werden durch die neuen Technologien und den aus ihnen resultierenden Strukturveränderungen überflüssig. Andere Funktionen werden in ihrer Entscheidungskompetenz erweitert, was neue Qualifikationen erfordert.

Die organisatorischen Veränderungen und umfassenderen Kommunikationsfunktionen erweitern die Partizipationsmöglichkeiten für die Mitglieder von Organisationen. Partizipation ist das Recht, an Entscheidungen und an den Entscheidungsprozessen der Organisation teilzunehmen. Neue Informations- und Kommunikationstechniken führen, ähnlich wie bei der Kommunikation, auch bei den Entscheidungsstrukturen zu einer Versachlichung. Die in der mündlichen Kommunikation eher zurückhaltenden Kommunikationspartner erhalten neue Möglichkeiten, sich zu artikulieren und in die Entscheidungsprozesse einzugreifen.

Allerdings können auch bei der Kommunikation auf Basis der neuen Techniken bestimmte Fähigkeiten zu dominierenden Positionen führen. Individuen, die mit den neuen technischen Geräten gut umgehen oder sich schriftlich gut ausdrücken können, spielen in der Kommunikation und in den Entscheidungsprozessen eine gewichtigere Rolle. Derartige Gefahren gilt es, durch Schulungen und Anleitung in der Nutzung der neuen Informations- und Kommunikationsstrukturen auszugleichen.

Insgesamt hat der Einzelne aber einen vereinfachten, umfassenderen Zugang zu den Informations- und Kommunikationsprozessen in der Organisation. Die Erleichterung der Kommunikationsprozesse, die Abflachung der Hierarchien und die steigende Häufigkeit des Informationsaustausches zeigt, daß die Organisationsmitglieder intensiver an den Entscheidungsprozessen der Organisation beteiligt sind. Organisationsmitglieder, die hierarchisch oder räumlich von den Entscheidungsprozessen weitgehend ausgeschlossen waren, profitieren in besonderem Maße von diesen neuen Möglichkeiten. Derartige Organisationsbereiche werden stärker in die Organisationsstruktur integriert.[180]

6.5 Einfluß der Kommunikationstechnik auf die Struktur von Organisationen

Die Zielerreichung in modernen Organisationen wird durch Arbeitsteilung ermöglicht. Aufgaben werden auf verschiedene Organisationseinheiten, Gruppen und Individuen verteilt. Entwicklungen und Aktivitäten müssen koordiniert werden, damit die Organisation effektiv funktionieren kann. Die Koordination dieser Ziele und Aufgaben und die Verständigung über die Vorgehensweise ist einer der Hauptgründe für den Austausch von Informationen innerhalb der Organisation.[181]

Dezentralisierte, innovationsfreudige Organisationen zeichnen sich in Bezug auf das Informationswesen durch diverse Merkmale aus. Innovationsfreudige Organisationen sind gegenüber externen Informationen offen. Der Informationsfluß innerhalb der Organisation wird nicht durch übertriebene Schutzmaßnahmen behindert. Es findet ein aktives Informationsmanagement statt, daß die Entwicklung der Informationssysteme vorantreibt und gestaltet. Die Mitglieder der Organisation werden zur Nutzung der Informationen ermutigt. Außerdem erhalten die Mitarbeiter eine höhere Informationsnutzungskompetenz, beispielsweise durch Schulungen. Flache Hierarchien wirken sich positiv auf die Informationsnutzung und den Informationsaustausch aus.[182]

Es besteht die Ansicht, daß neue Informations- und Kommunikationstechniken zu einer organisatorischen Dezentralisierung führen, die durch zahlreiche Aspekte wie die räumliche Dezentralisierung, veränderte Entscheidungsstrukturen sowie einer besseren Informationsversorgung begleitet wird. Anpassungsfähigkeit und Funktionsstabilität der Organisation werden durch den Einsatz neuer Informations- und Kommunikationsmedien gesteigert, eine zentrale Bedingung für die Existenz moderner Organisationen.[183]

---

[180] Vgl. Picot und Reichwald (1987), Seite 145.

[181] Vgl. Telleen (1997), Kapitel 2.

[182] Vgl. Koenig. (1990), Seite 71.

[183] Vgl. Picot und Reichwald (1987), Seite 114

6.6 Extranet - Kooperation von Organisationen durch interorganisationale Netzwerke

Die Sonderform des Intranets, das Extranet, kann als interorganisationaler Informationsverbund aufgefaßt werden. Ein interorganisationaler Informationsverbund beinhaltet informationelle Verbindungen zwischen einer definierten Menge von Organisationen in institutionalisierter Form.[184]

Eine Studie von Forrester Research, bei der die 1000 führenden Unternehmen in den USA befragt wurden, hat ergeben, daß 46 Prozent aller Unternehmen mit einem Intranet den externen Zugang ermöglichen. 30 Prozent werden den externen Zugriff in nächster Zeit realisieren, 26 Prozent haben keine derartigen Planungen. Zusätzlich wurde gefragt, wer externen Zugriff auf das Intranet hat. Alle befragten Organisationen ermöglichten den Mitarbeitern den externen Zugriff. Durch derartige externe Zugriffsmöglichkeiten ist allerdings noch keine interorganisationale Verbindung realisiert. In diesem Zusammenhang ist es interessanter, daß bereits 49 Prozent der befragten Organisationen einen externen Zugriff für Geschäftspartner und für Partner aus strategischen Allianzen ermöglichen. 14 Prozent der Unternehmen erlauben ihren Kunden, auf das Intranet zuzugreifen.

Die aktuellen Möglichkeiten der informations- und kommunikationstechnischen Systeme (Vernetzung, Datenübertragung, Datenbanken etc.) führen dazu, das erste Systeme in der Praxis entstehen. Derart integrierte Informationsverarbeitungsverbünde strukturieren die Beziehungen der Organisationen und greifen in deren Strukturen ein. In Anlehnung an Kubicek werden hier einige Konfliktfelder derartiger Systeme aufgeführt:[185]

- Kostenverteilung – die Verteilung der Entwicklungs- und Betriebskosten muß geklärt sein.

- Autonomie/Abhängigkeit – ein Teil der Autonomie der Partner wird aufgegeben, um andere Vorteile zu erzielen. Die Partner sind stärker voneinander abhängig. Ein Ausstieg aus dem System ist schwierig.

- Ausgrenzung – Partner, die nicht am Informationsverbund teilnehmen dürfen, wollen oder können, sind benachteiligt, da ihnen Informationsdefizite entstehen.

- Mitgliederinteressen – für die Mitglieder und Mitgliederorganisationen entstehen neue Strukturen, die ihre Positionen beeinflussen. Beispielsweise verlieren die Personen einer Organisation an Bedeutung, die vor der Einrichtung des Systems an den Schnittstellen zwischen den Organisationen saßen und die Kommunikationsprozesse koordinierten.

- Datensicherheit – Informationsoffenheit gegenüber einer externen Organisation wirft Fragen der Datensicherheit und des Datenschutzes auf.

---

[184] Vgl. Kubicek (1992), Spalte 994.

[185] Vgl. Kubicek (1992), Spalte 1004-1008.

- Verletzlichkeit – eine größere Abhängigkeit von technischen Systemen führt zu Problemen bei Systemausfall.

Ein Extranet bietet zahlreiche Vorteile von denen in der aktuellen Entwicklung vor allem Unternehmen Gebrauch machen. Die Investitionen in die offenen Architekturen werden dazu genutzt, um die Kommunikation mit Partnern, Lieferanten und Kunden zu verbessern. Neben den positiven Aspekten entstehen auch Gefahren, die vor allem im Bereich Sicherheit liegen. Der Zugriff auf die Inhalte muß genau geregelt sein, wenn Teile der organisationsinternen Informationen weiteren Benutzergruppen zur Verfügung gestellt werden sollen. Informationen über Produkte und Preise sollen beispielsweise publik gemacht werden, Informationen über die Finanzen des Unternehmens aber nicht.

Dauerhafte Vorteile bieten nur die interorganisationalen Informationssysteme, die individuelle Leistungen und Funktionen bieten. IT-Systeme, die gemeinsam mit Partnern eingerichtet werden, um beiderseitig eine optimale Zielerreichung zu realisieren, führen zu einer dauerhaften Verflechtung der beteiligten Organisationen bzw. zu einer dauerhaften Anbindung von Individuen an Organisationen.[186]

6.7 Virtuelle Organisationen

Der zunehmende globale Wettbewerb und länderübergreifend verfügbare Infrastrukturen im Bereich Kommunikations- und Informationstechnologien haben das Entstehen einer neuen Organisationsform, der Virtuellen Organisation, gefördert.

Zentraler Bestandteil einer Virtuellen Organisation ist die informationstechnische Infrastruktur, die das Gerüst der Virtuellen Organisation darstellt und Mitglieder bzw. Gruppen der Organisation in Verbindung setzt. Informations- und Kommunikationssysteme sind eine existentielle Bedingung für die Virtuelle Organisation.

Virtuelle Organisationen sind als zeitlich begrenzte Netzwerke unabhängiger Organisationen definiert, die technisch durch Informationstechnologien und organisatorisch durch eine gemeinsame Zielausrichtung verbunden sind. Die beteiligten Organisationen behalten ihre organisatorische, rechtliche und wirtschaftliche Unabhängigkeit.

---

[186] Vgl. Laker und Petersdorf (1997), Seite 45.

Diagramm 12: Schematischer Aufbau einer Virtuellen Organisation

Virtuelle Organisationen sind vor allem für die Organisationen ein strategisches Konzept, die Situationen des Wandels und der Unbeständigkeit ausgesetzt sind. Virtuelle Organisationsmodelle erfüllen den Bedarf, der durch kürzere wirtschaftliche Lebenszyklen und die Nachfrage nach individuellen Produkten und Dienstleistungen entsteht. Sie reflektieren die Komplexität der Anforderungen, die einen Zugang zu einer breiten Palette an Wissen und Fähigkeiten bedürfen (Forschung, Entwicklung, Fertigung, Design, Marketing, Vertrieb, Service).[187]

Die Lebensphasen der Virtuellen Organisation gliedern sich in Partnersuche, Vereinbarung/Aufbau, Umsetzung der Ziele und Auflösung auf. Schneller Aufbau der Organisation sowie rasche und einfache Auflösung bei Zielerreichung sind besondere Merkmale der Virtuellen Organisation.

Virtuelle Organisationen ersetzen andere Kooperationsformen, die unterschiedlichen Organisationen zur Verfügung stehen, wie Joint Ventures, Zusammenschlüsse gesamter Organisationen oder Gründung/Übernahme von Tochtergesellschaften. Für derartige Kooperationsformen bestehen zwar Erfahrungswerte, Modelle, rechtliche und organisatorische Strukturen, Aufbau und Ablauf dieser Systeme sind aber mit größerem Aufwand sowie finanziellen, zeitlichen und personellen Ressourcen verbunden.

Ein entscheidender Faktor Virtueller Organisationen ist die Flexibilität und Reaktionsfähigkeit dieser Systeme, ohne die Nachteile kleiner Organisationen, wie geringe Marktposition usw., in Kauf nehmen zu müssen. Darüber hinaus kann von fremden Know-how profitiert werden.[188]

Zur Zielerreichung bringen die an der Virtuellen Organisation beteiligten Organisationen komplementäre Ressourcen (Wissen, Mitarbeiter, Büros etc.) ein, so daß Synergieeffekte entstehen.[189] Die Organisationen teilen die Kosten, Risiken, Informationen, Wissen,

---

[187] Vgl. Goldman u.a. (1996), Seite 169.

[188] Vgl. Sieber (1997), Seite 201.

[189] Vgl. Byrne (1993), Seite 36.

106

Kunden usw.[190] Jede Organisation bringt die Bestandteile der eigenen Organisation ein, die zur Zielerreichung der Virtuellen Organisation erforderlich sind.

Gegenüber der Umwelt tritt eine Virtuelle Organisation mit einer einheitlichen Identität auf. Die Funktionen Virtueller Organisationen beruhen fast ausschließlich auf Prozessen. Die Struktur der Organisation ist nur virtuell.[191] Die Prozesse werden über die Informationsinfrastruktur abgewickelt.

In der Aufbauphase sind zahlreiche Aspekte der Virtuellen Organisation zu klären. Entscheidend für die Existenz einer Organisation ist, daß die Zielfestlegung, Arbeitsteilung und Ertragsverteilung geregelt sein müssen. Durch spezielle Vorkehrungen und Vereinbarungen wird sichergestellt, daß keine Transaktionen zu Lasten einer der beteiligten Organisationen ablaufen, bspw. ein ungewollter Know-How-Transfer. Von besonderer Bedeutung sind rechtliche Aspekte zum Beispiel in den Bereichen Patent- und Haftungsrecht. Die Kommunikation bezüglich dieser Aspekte kann bereits über die informationstechnische Infrastruktur abgewickelt werden.

Virtuelle Organisationen werden sich vor allem im wissensintensiven Dienstleistungsbereich durchsetzen, in dem die Arbeitskräfte bereits sehr flexibel arbeiten, in denen Informationstechnologien und technischer Wandel eine wichtige Rolle spielen und die bereits global ausgerichtet sind.[192]

6.7.1 Informationsinfrastruktur Virtueller Organisationen

Der Zusammenhalt der Virtuellen Organisation basiert auf den Informations- und Kommunikationsprozessen der beteiligten realen Organisationseinheiten bzw. der informationstechnischen Anbindung einzelner Individuen (Bsp. Telearbeiter). Durch Informations- und Kommunikationstechnologien können folgende Effekte erzielt werden:

- Integration unterschiedlicher, räumlich getrennter Organisationseinheiten

- Durchführung organisationsrelevanter Prozesse

- Gemeinsame Bearbeitung von Projekten (Gruppenarbeit, virtuelle Teams)

- Austausch von Wissen und Informationen

- Bildung eines gemeinsamen Informationspools

- Schneller Zugriff auf Kompetenzen und Ressourcen der beteiligten Organisationen

Da das Informationssystem ein zentrales Element der Virtuellen Organisation ist, werden an Sicherheit, Verfügbarkeit, Fehlertoleranz, Bedienungsfreundlichkeit und Flexibilität des

---

[190] Vgl. Bullinger u.a. (1996).

[191] Vgl. Mertens (1994).

[192] Vgl. Vine (1995)

Systems besondere Anforderungen gestellt. Hier eine Auflistung der Anforderungen an die Informationsinfrastruktur in Anlehnung an Merkle:[193]

- Offenheit – Das Zusammenführen der informationstechnischen Strukturen der beteiligten Organisationen und von Dienstleistern erfordert offene Strukturen, die sich durch Interoperabilität, Portabilität und Skalierbarkeit auszeichnen. Einheitliche, virtuelle Organisationsstrukturen lassen sich auf dieser Basis schnell und kostengünstig aufbauen und erweitern. Die heterogenen Informationsinfrastrukturen erfordern allerdings eine grundlegende Standardisierung, die einen problemlosen Informationsaustausch ermöglichen.

- Verteilte Datenhaltung – Der virtuelle Charakter der Organisation erfordert verteilte, hypertextuell verknüpfte Datenbestände, so daß Daten in den geographisch verteilten Einheiten der Virtuellen Organisation verbleiben können, aber allen Mitgliedern zugänglich sind. Die Datenbestände müssen aktuell und konsistent sein. In jeder Organisationseinheit der Virtuellen Organisation kann über Verknüpfungen auf die an den einzelnen Standorten gespeicherten Daten zugegriffen werden.

- Gemeinsame Nutzung von Ressourcen – Virtuelle Organisationen setzen die gemeinsame Nutzung informationstechnischer Ressourcen voraus. Der Zugriff auf geteilte Rechnerkapazitäten, Anwendungen, Datenbestände usw. muß gewährleistet sein.

- Allgemeine Verfügbarkeit – Die informationstechnische Infrastruktur ermöglicht räumliche und zeitliche Unabhängigkeit. Spezifische Strukturen der Virtuellen Organisationen (Telearbeit, geographische Verteilung, asynchrone Kommunikation) werden durch die allgemeine Verfügbarkeit der informationstechnischen Komponenten realisiert.

- Leistungsfähigkeit – Die Abwicklung aller Prozesse der Virtuellen Organisation über die Informations- und Kommunikationsmedien erfordert leistungsfähige informationstechnische Systeme, die den Austausch umfangreicher Datenmengen ermöglichen.

- Sicherheit – Die Sicherheit des informationstechnischen Systems einer Virtuellen Organisation umfaßt zwei Aspekte: die Vertraulichkeit der Daten und die Verfügbarkeit der Infrastruktur. Die große Bedeutung, die das Informationssystem bei der Abwicklung aller Prozesse der Organisation spielt, erfordert eine ständige Verfügbarkeit des Systems. Sicherheitsmechanismen müssen die Vertraulichkeit, die Integrität und die Verbindlichkeit der Daten gewährleisten. Darüber hinaus muß die Systemintegrität gewährleistet sein, damit Systemausfälle selten bleiben, bzw. auf redundante Ressourcen zurückgegriffen werden kann. Ein Ausfall der Informations- und Kommunikationstechnik hat bei einer Virtuellen Organisation fatalere Folgen als bei anderen Organisationsformen.

- Multimediafähigkeit – Die Kooperation räumlich verteilter Organisationseinheiten erfordert den multimedialen Daten- und Informationsaustausch. Virtuelle Teams sind

---

[193] Vgl. Merkle (1996).

bei Projektablauf und Kommunikation auf multimediale Formate und Prozesse wie Grafiken, Videos, Videokonferenzen und akustischen Elemente angewiesen.

- Benutzerfreundlichkeit – Eine benutzerfreundliche Informationsinfrastruktur erhöht die Transparenz für die Anwender und ist die grundlegende Voraussetzung für die Akzeptanz und den effizienten Einsatz des Systems. Eine einheitliche Oberfläche überlagert räumliche Trennung, verteilte Datenhaltung und Heterogenität der Komponenten.

- Retrievalmöglichkeit – Die Informations- und Datenbestände müssen durch umfassende Such- und Retrievalfunktionen zugänglich sein.

- Groupware- und Workflow-Funktionen – Die Arbeit in virtuellen Teams und Gruppen erfordert Funktionen der informationstechnischen Infrastruktur, die Prozesse der Gruppenarbeit und Ablauforganisation unterstützen. Planung, Projektmanagement, Terminvereinbarungen und Formularwesen laufen fast vollständig über die informationstechnische Infrastruktur ab.

- Wirtschaftlichkeit – Kosten für Einrichtung, Erweiterung, laufenden Betrieb, Anwenderunterstützung der informationstechnischen Infrastruktur müssen unter wirtschaftlichen Gesichtspunkten zu rechtfertigen sein.

Vergleicht man diese Eigenschaften des idealen Informationssystems der Virtuellen Organisation mit den Merkmalen und Vorteilen des Intranets (vgl. Kapitel 3.4), werden die Parallelen deutlich. Das Intranet ist das ideale Medium für Information, Kommunikation und Gruppenarbeit in der Virtuellen Organisation.

6.7.2 Hindernisse für Virtuelle Organisationen

Der Wandel zur Virtuellen Organisation ist schwierig, da alle heute gültigen Konzepte, organisatorischen und rechtlichen Systeme, Gewohnheiten und Denkmuster im System der Industriegesellschaft und den hierarchischen Organisationssystemen verwurzelt sind. Virtuelle Organisationen sind sowohl mit internen als auch externen Barrieren konfrontiert.[194]

Technische Systeme lassen sich, insbesondere auf Basis von Intranet-Technologien, sehr schnell anpassen. Interne und externe Widerstände erfordern jedoch einen Wandel in den Einstellungen der Mitglieder sowie eine Anpassung organisatorischer und rechtlicher Rahmenbedingungen.

6.7.2.1 Interne Barrieren

6.7.2.1.1 Medienabhängigkeit

Virtuelle Organisationen bedienen sich technischer Kommunikationsmittel. Medien wie Videokonferenzen, E-Mail, Browser, Chats, Newsgroups usw. sollen die fehlende räumliche

---

[194] Vgl. Goldman u.a. (1996), Seite 247.

Nähe ausgleichen und den für die Organisationsprozesse notwendigen Informations- und Kommunikationsaustausch ermöglichen. Die Vielfalt der Kommunikationsformen muß in Virtuellen Organisationen ausgeschöpft werden, um Informationspathologien zu vermeiden.

Der Organisationsform Virtuelles Unternehmen wird nur eine geringe Durchsetzungschance attestiert, wenn dabei nur auf ein Medium zurückgegriffen wird, beispielsweise E-Mail.[195] Ein einzelnes Medium kann nicht alle kommunikationsrelevanten Elemente übertragen, insbesonere wenn Informationen über soziale Zusammenhänge nur unzureichend transportiert werden. Ein erfolgreiches System muß Kommunikationsmedien sozial integrieren, indem die verschiedenen Medien von den Mitgliedern der Organisation in Bezug zum zu lösenden Problem kombiniert werden.

Insbesondere das Intranet bietet eine derartige Kombination der Kommunikationsmedien, deren Auswahl sich an Problemlage und den Interessen und Vorlieben des Mitglieds orientieren kann. Die Ergänzung des Intranets durch die Kommunikationsmöglichkeiten des Telefons lassen die negative Bewertung der Chancen Virtueller Organisationen in einem anderen Licht erscheinen; die Kommunikationsvielfalt ermöglicht die Berücksichtigung sozialer Strukturen, informeller Kommunikation und organisationsinterner Beziehungsstrukturen.

6.7.2.1.2 Hierarchische Organisationsformen

Die Arbeitsteilung in hierarchischen Organisationssystemen basierte auf einer starken Differenzierung der Aufgabenausführung und einem Kontroll- und Instruktionssystem. Dieses System wird durch ein umfassendes Leistungsbewertungssystem begleitet, in dem die zu erbringenden Leistungen genau festgelegt sind. Es bleibt kein Freiraum für kreative Leistungen, Ausprobieren, Diskussionen und andere nach diesen Leistungskriterien unproduktive Tätigkeiten.

Virtuelle Organisationen erfordern jedoch Teamarbeit, Information und Kommunikation, Organisationales Lernen sowie eine ganzheitliche Betrachtung der Zielsetzung der Organisation. Spezialisierung in der Leistungserbringung, hierarchische Strukturen, Abteilungsdenken sowie fehlende Informations- und Kommunikationsflüsse sind kontraproduktiv für die individualisierte Leistungserbringung einer Virtuellen Organisation.

6.7.2.1.3 Wissens- und Informationsdefizite

Bisherige Organisationsmodelle beruhen auf geschlossenen Wissens- und Informationsstrukturen. Das Wissen wurde nicht geteilt, sondern individuell oder abteilungsintern bereitgehalten. Das Konzept der Virtuellen Organisation beruht aber auf offenen Wissensstrukturen, Teamarbeit und ausreichendem Informationsaustausch. Der Aufbau einer Virtuellen Organisation erfordert eine Veränderung im Informations- und Kommunikations-

---

[195] Vgl. Stegbauer, (1995), Seite 535.

verhalten der Beteiligten.[196] Die Bereiche des organisationsinternen Wissens, die nicht in die virtuelle Kooperation eingebunden sind, müssen allerdings weiterhin geschützt werden.

Virtuelle Organisationen werden gegründet, um fehlendes Wissen, Know-how und Fertigkeiten schnell zu gewinnen und in die Produktion oder Dienstleistung einbringen zu können. Durch die schnellen internen und externen Wandlungsprozesse sind Organisationen nicht mehr in der Lage, die erforderlichen Ressourcen in ausreichend kurzer Zeit zur Verfügung zu stellen. In einer Virtuellen Organisation kann das fehlende Wissen durch ein System des wechselseitigen Austauschs erworben werden.

Bei der Bildung einer Virtuellen Organisation ist es bei der Auswahl der geeigneten Partner von besonderer Bedeutung, die Fähigkeiten des möglichen Partners einschätzen und bewerten zu können. Dazu ist es nötig, relevante Informationen einsehen und in ihrer Zuverlässigkeit bewerten zu können.[197] Mangelnde Offenheit der zukünftigen Partner in der Gründungsphase kann zu Defiziten in der entstehenden Virtuellen Organisation führen, wenn Kompetenzen falsch eingeschätzt werden.

6.7.2.1.4 Langfristige Budgetplanung

Eine langfristige Budgetplanung, wie sie in hierarchischen, produktionsorientierten Organisationen vorherrscht, ist eine Barriere für flexible und individualisierte Leistungserbringung der Virtuellen Organisation. Die in langfristigen Budgets von jährlichen oder vierteljährlichen Kostenplänen festgelegten Werte erlauben keine Abweichungen. Ein schnelles Reagieren auf veränderte Umweltbedingungen oder veränderte Anforderungen des Kunden ist in Virtuellen Organisationen eine Grundvoraussetzung. Die Bereitstellung der finanziellen Ressourcen muß situationsabhängig und schnell erfolgen. Lange und bürokratische Entscheidungsstrukturen sind dabei ein Hindernis.

6.7.2.2 Externe Barrieren

6.7.2.2.1 Gesetzgebung

Die Entwicklung einer Virtuellen Organisation wirft zahlreiche rechtliche Fragestellungen auf, da unterschiedliche Rechtsgebiete berührt werden. Die flexible Organisationsstruktur einer Virtuellen Organisation wird mit einer rechtlichen Struktur konfrontiert, die nicht auf diesen neuen Organisationstyp ausgerichtet ist. Neue technische Möglichkeiten finden keine Entsprechung in den juristischen und politischen Rahmenbedingungen.[198]

Die bestehende Gesetzgebung ist auf die früheren hierarchischen, produktionsorientierten Organisationsformen ausgerichtet. Die Beziehungen zwischen Organisationen und ihrer Umwelt sind in dieser Struktur durch zahlreiche Gesetze, Verträge und Verordnungen

---

[196] Vgl. Goldman u.a. (1996), Seite 265.

[197] Vgl. Goldman u.a. (1996), Seite 268.

[198] Vgl. Müthlein (1995), Seite 70.

geregelt. In der Virtuellen Organisation arbeiten verschiedene Organisationen über einen bestimmten Zeitraum eng zusammen, häufig wird der Kunde in die Abläufe einbezogen. Die bestehende Gesetzgebung ist auf diese Organisationsstrukturen unzureichend eingerichtet. Die Verträge zwischen den beteiligten Organisationen können ebenfalls nicht aufgrund bestehender Muster gebildet werden.

Gesetzliche Beschränkungen für Virtuelle Organisationen können sich beispielsweise durch das Kartellrecht ergeben, das an diese neue Form der Organisation angepaßt werden muß. Weitere Hemmnisse finden sich in der Produkthaftungs- und Steuergesetzgebung. Langjährige Abschreibungsfristen für Investitionen stehen dem Prinzip der projektorientierten Gründung und Auflösung einer Virtuellen Organisation entgegen.[199] Die Virtuelle Organisation ist von weiteren Rechtsgebieten betroffen, bspw.: Gesellschaftsrecht, Bundesdatenschutzgesetz, Arbeitsrecht, Haftungsrecht, Patentrecht, Urheberrecht, Handelsrecht.[200]

6.7.2.2.2 Unterscheidung von Produkt und Dienstleistung

Virtuelle Organisationen bieten nicht nur Dienstleistungen oder Produkte, wie es in den hierarchischen Organisationsmodellen der Fall war, sondern sie bieten den Kunden individualisierte Leistungen als eine Kombination von Dienstleistungen, Informationen und Produkten.

In den ökonomischen, rechtlichen und organisatorischen Strukturen sind Produkte und Dienstleistungen noch voneinander getrennt. Informationen können beispielsweise Ländergrenzen überwinden, Produkte sind weiterhin von Zoll- und Ausfuhrbestimmungen eingeschränkt. Produktzentrierte Arbeit wird von der Gesellschaft anders aufgefaßt als dienstleistungsorientierte Tätigkeiten und Wertschöpfungen.[201]

6.7.2.2.3 Unzureichender Zugang zu Informationen

Neben den internen Informationen müssen auch die Informationen in den Umweltsystemen der Virtuellen Organisation zugänglich sein. Sind Informationen aus Verwaltungen, Gesetzgebungsorganen, Patentbehörden usw. der Virtuellen Organisation nicht zugänglich, ist dies eine Barriere für die Prozesse dieser Organisationsform. Für die Aufnahme dieser Informationen müssen in einer Virtuellen Organisation entsprechende Systeme entwickelt werden. Darüber hinaus müssen in Verwaltungen, Behörden usw. „informationsfreundliche" Strukturen geschaffen werden.

6.7.2.2.4 Eingrenzende Wirtschaftsstrukturen

In den bestehenden Wirtschafts- und Organisationsstrukturen hat sich im Verlauf der Zeit eine Struktur entwickelt, die der Vorstellung der Wertschöpfung einer Virtuellen

---

[199] Vgl. Goldman u.a. (1996), Seite 269-270.

[200] Vgl. Müthlein (1995), Seite 71.

[201] Vgl. Goldman u.a. (1996), Seite 271.

Organisation entgegensteht. Hier bilden Produkt, Dienstleistung und langfristige Beziehungen zwischen Kunde und Anbieter eine Einheit. Das Konzept der Virtuellen Organisation muß sich also gegen die Vorstellungen in Regierungen, Behörden, Gewerkschaften, Arbeitnehmerschaft, Management, Finanzinstituten usw. durchsetzen.[202]

6.8 Fazit: Intranet als Basis für moderne Organisationskonzepte

Moderne Organisationskonzepte wie Gruppenarbeit, flache Hierarchien, Profit Center, Lernende Organisationen, dezentrale Verantwortungsverteilung usw. setzen sich innerhalb von Unternehmen, Verwaltungen und anderen Organisationen immer mehr durch, da durch diese Konzepte auf den schnelleren Wandel in der Organisationsumwelt, die veränderten Anforderungen der Mitglieder, komplexere Umweltbedingungen und Globalisierung der Strukturen reagiert werden kann. Prozesse in Organisationen, insbesondere in den modernen Organisationsstrukturen, basieren immer stärker auf Information, Kommunikation und Gruppenarbeit. Das Intranet ist aufgrund seiner Merkmale wie Bedienungsfreundlichkeit, Flexibilität und umfassenden Verfügbarkeit das ideale Medium für die organisationsinternen Austauschprozesse.

Der Aufbau der Organisation und strategische Prinzipien sind von entscheidender Bedeutung für die strukturellen Erfolge eines Intranets. Hier sind eine ganze Bandbreite an Strategien betroffen, nicht nur die, die sich direkt mit dem Informationszugriff beschäftigen. Die Informationspolitik einer Organisation ist allerdings von besonderer Bedeutung. Das Prinzip der Informationspolitik in einem erfolgreichen Intranet-System sollte darauf beruhen, daß Informationen allgemein zugänglich sind, eingeschränkt nur aus Sicherheits- und Datenschutzgründen. Die Durchsetzung dieses Prinzips ist, je nach bestehender Organisationsstruktur des Unternehmens, der schwierigste Teil bei der Einrichtung eines Intranets. Je nachdem, wie offen die bestehenden Strukturen in bezug auf Hierarchien und Informationsfluß sind, sind die Widerstände bei der Änderungen der Strukturen stark oder gering. Für viele Organisationen bedeutet dies einen gravierenden kulturellen Wandel.

Bei neuen Organisationsformen wie interorganisationalen Netzwerken und Virtuellen Organisationen ist das Informationssystem die zentrale Infrastruktur, ohne die die Existenz dieser Organisationsformen nicht denkbar ist.

---

[202] Vgl. Goldman u.a. (1996), Seite 272.

7 Fallstudien

7.1 Das Intranet bei Siemens Nixdorf Informationssysteme (SNI)

Siemens Nixdorf Informationssysteme (SNI) verfolgt mit der Einrichtung eines Intranets zwei Ziele: Erstens möchte sich das Unternehmen seinen Kunden als kompetenter Partner für Intranet-Lösungen präsentieren. Zweitens soll der unternehmensinterne Informationsfluß, die Kommunikation und die internen Abläufe verbessert werden. Prozesse sollen effizienter und einheitlicher gestaltet werden.

Siemens Nixdorf ist veränderten Kundenanforderungen ausgesetzt. Kunden fordern ein ganzheitliches, an ihren Geschäftszielen und Prozessen orientiertes Leistungsangebot.[203]

Die Unternehmensführung sieht die erforderliche Organisationsstruktur von SNI durch mehrere Faktoren beeinflußt: IT ist das Nervenzentrum moderner Organisationen, schneller technologischer Wandel, liberalisierte Märkte, Globalisierung, individualisiertes Kaufverhalten. Wissen wird zum zentralen Element in Organisationen, was zu neuen Organisationsformen und neuen Anforderungen an die IT-Infrastruktur führt:[204]

Das Sammeln, Verarbeiten und Übertragen von Wissen wird zur wesentlichen Wertschöpfungsquelle in allen Industrien. Dabei entsteht der wirtschaftliche Nutzen nicht durch den Besitz, sondern durch Anwendung.

SNI hat den Wandel von einem produktionsorientierten zu einem wissensbasierten Unternehmen vollzogen. Die Veränderungen wurden durch „Dimensionen des Wandels" begleitet:

- Richtung – Entwicklung einer Unternehmensvision der Kundenorientierung, offenen Strukturen und des Ideenaustauschs.

- Verhalten – Veränderung der Unternehmenskultur durch offenen Dialog zur Verbesserung der Kommunikation, Prozesse und Abläufe sowie zum Verständnis der Ziele.

- Lernen – Wandel und Veränderungen der Umwelt verlangen ein Klima im Unternehmen, das das Lernen fördert.

Das Intranet ist das Herzstück des Informations- und Kommunikationssystems des Unternehmens. Im Vordergrund steht die Effizienz der internen Kommunikation und die Verteilung aktueller Informationen.

---

[203] Vg. Kunkel (1997), Seite 58.

[204] Vgl. Kunkel (1997), Seite 59.

114

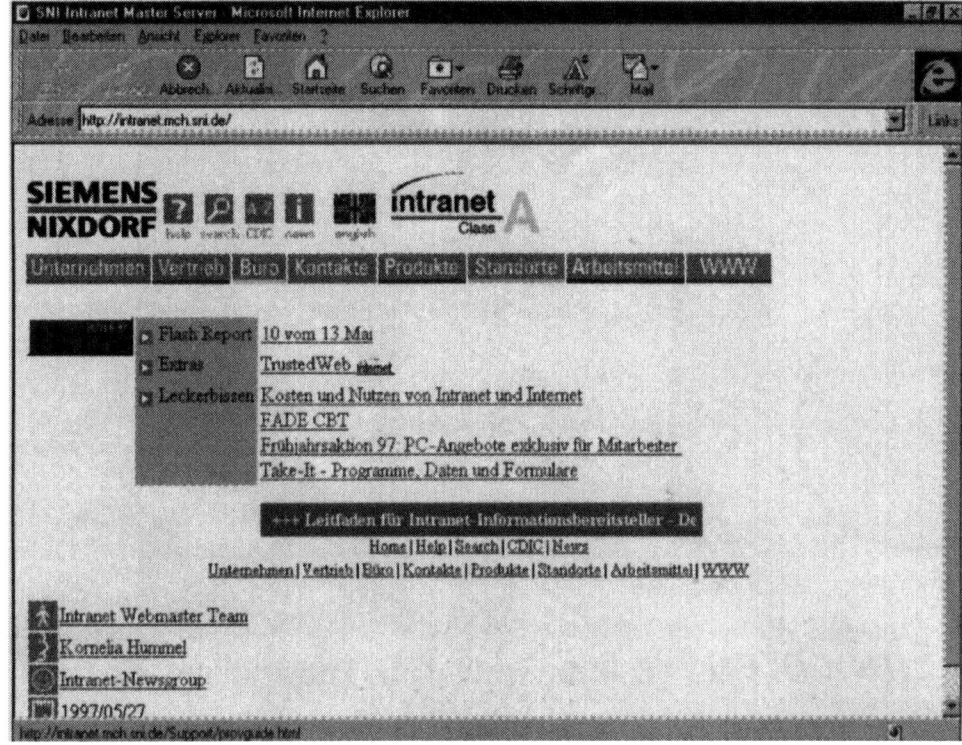

Abbildung 16: Das Intranet bei Siemens-Nixdorf Informationssysteme AG - SNI

Die Homepage wurde am Beginn der Entwicklung 90.000 Mal pro Woche abgerufen. Vorschläge für neue Inhalte und allgemeine Anregungen werden per E-Mail an den Web-Master versandt.

Bei SNI gab es an verschiedenen Stellen Aktivitäten in Richtung Intranet. Diese Aktivitäten wurden in einem unternehmensweiten Intranet zusammengefaßt. Ein Verantwortlicher weist darauf hin, daß das Bereitstellen von vorhandenen Informationen für alle die, die sie benötigen nicht trivial ist. In der Vergangenheit gab es bei SNI hier Schwierigkeiten.

Mitarbeiter müssen sich an die aktive Informationsbeschaffung gewöhnen. Informationen werden nicht mehr geliefert.

Widerstand ist in den Abteilungen festzustellen, die mit proprietären Systemen bereits Informations- und Kommunikationslösungen realisiert haben. Die notwendige Überzeugungsarbeit soll bei den Mitarbeitern in offener und fairer Weise kommuniziert werden.

Die Infrastruktur für ein Intranet war bei SNI bereits vorhanden. Es baut auf dem weltweiten Sprach- und Datennetz Siemens Corporate Network (SCN) auf, das auf gemieteten

Standleitungen[205] basiert. Das Netz verbindet bereits alle Unternehmensniederlassungen mit ca. 400.000 Mitarbeitern weltweit. Ein Teilnetz besteht aus verbundenen LANs, auf dem sich die technischen Lösungen eines Intranets realisieren lassen.

Die großen Standorte von SNI in Paderborn und München sind über 2 Mbit/s-Standleitungen miteinander verbunden. Standorte mit über 500 Mitarbeitern verfügen über 256 Kbit/s-Standleitungen. Somit stehen auch für Intranet-Anwendungen, die große Leistungsanforderungen stellen, genügend Ressourcen zur Verfügung.

Ein Anwendungsbereich für das Intranet ist der Vertrieb von SNI: Angebots- und Bestellvorgänge beim Kunden werden durch das Intranet vereinfacht. Die Transaktionen mit den Zulieferern werden durch Electronic Commerce-Implementierungen optimiert, wodurch Einsparungsmöglichkeiten entstehen und die Zusammenarbeit reibungsloser abläuft.

Die Einführung des Intranets wurde durch Veränderungen in der Organisationsstruktur von SNI begleitet. Ein sogenanntes „Culture Change"-Programm wurde 1994 von SNI initiiert, das auf eine stärkere Kundenorientierung abzielt. Dienstleistungen sollen über optimierte Prozessabläufe verbessert werden und den Kunden in den Mittelpunkt stellen. Die Veränderungen betrafen vor allem die Verhaltensweisen der Mitarbeiter und informelle Strukturen, die als „ungeschriebene Regeln" bezeichnet werden.

Vom Intranet erhoffen sich die Verantwortlichen eine unterstützende Wirkung bei diesen Prozessen. Im Zentrum des Culture Change-Programms steht die Kommunikation. Fehlentwicklungen bzw. hemmende Strukturen waren vor allem in diesem Bereich zu erkennen. Informierte Mitarbeiter sollen direkt auf Marktentwicklungen und Wünsche der Kunden reagieren. Mitarbeiter sollen informiert, verantwortungsvoll und eigenständig Entscheidungen treffen.

Eine genaue Wirtschaftlichkeitsprüfung wird nicht angestellt, die Kosten für Hardware, Software und Leitungen sind nach Angaben der Verantwortlichen aber überschaubar. Proprietäre Client-/Server-Lösungen gelten als teurer. Kostenvorteile erhofft man sich vor allem durch die Bereitstellung von Client-Software über das Intranet. Ein wichtiger Effekt ist die Steigerung der Konkurrenzfähigkeit.

Die Einsparungspotentiale lassen sich nicht in Mark und Pfennig belegen. Wir stellen immer wieder fest, daß die materiell nicht bewertbaren Aspekte viel interessanter sind: gute Information, höhere Flexibilität und Geschwindigkeit.[206]

Die Investitionen in das Intranet werden nicht zentral gesteuert. Die Infrastruktur für ein Intranet ist bereits vorhanden (vernetzte PCs, Web-Browser etc.). In einem Unternehmen der Soft- und Hardwareindustrie wie SNI ist die Ausstattung mit entsprechender Technologie in weiten Unternehmensbereichen vollzogen. 10.000 Mitarbeiter sind beispielsweise an das WWW angeschlossen. Probleme bereitet allerdings die Anbindung von Mitarbeitern, deren Arbeitsplatz nicht mit PCs ausgestattet ist, vor allem in der Fertigung.

---

[205] Siehe auch „Standleitung" im Glossar Seite 130.

[206] Zöllner, in: Petrik (1996), Seite 60.

Bedenken gegen das Intranet werden vor allem in bezug auf die Sicherheit und die Erhaltung vorhandener Systeme geäußert. Sicherheitsrisiken sind beispielsweise Virenbefall, Schäden durch Eindringlinge (Hacker) und der Mißbrauch des Systems durch Mitarbeiter. Mitarbeiter, die mit anderen Systemen erfolgreich arbeiten, wünschen, daß bestehende Anwendungen, Datenbestände und Hardwareeinrichtungen in das Intranet integriert werden.

Das Intranet von SNI ist prinzipiell dezentral ausgerichtet. Zentral werden zwei Server an den Standorten Paderborn und München mit globalen Informationen bereitgestellt.

Die Investitionen in die Sicherheitstechnologie sind umfangreicher, da die Firewall-Technologie so dimensioniert ist, daß sowohl Sicherheit als auch eine hohe Performance des Systems gewährleistet sind. Diejenigen, die von außen angebunden sind, sollen nicht durch geringen Datendurchsatz ausgegrenzt werden. Dies würde strategische Entwicklungschancen eines Intranets (Telearbeit, Anbindung an Kunden, Lieferanten etc.) einschränken.

Sensitive Daten wie Lohn- und Gehaltsdaten werden bei SNI nicht ins Internet integriert. Für diese Daten gilt die höchste Sicherheitsstufe mit Schutz durch Paßwörter und Verschlüsselung. Die Integration derartiger Daten in das Intranet wird bei SNI nicht als sinnvoll angesehen. Das Intranet dient als Informationsmedium für viele und nicht für einen privilegierten Kreis.

In der Anfangsphase wurden die Inhalte der beiden Haupt-Server logisch miteinander verknüpft. Abteilungen wurden aufgefordert, Informationen in das Intranet zu integrieren. Parallel wurden in einem größeren Projekt umfangreiche Informationseinheiten wie technische Dokumente und Handbücher integriert. Dann wurde eine spezifische Web-Applikation eingebunden, das sogenannte „Personal Information Center". In dieser zentralen Datenbank werden Informationen zu SNI wie Telefonnummern, Raumnummern, Postadressen und E-Mail-Adressen gespeichert und ständig aktualisiert. Darüber hinaus werden interne Newsletter, Organisationsdiagramme und Produktinformationen publiziert.

Komplizierte Anwendungen sind in der Planung bzw. werden gerade realisiert:

- Eine Wissensdatenbank mit Ablaufinformationen und Dokumentationen zu Groß-projekten.

- Ein System zur Koordination der Arbeitszeiten von Mitarbeitern.

- Ein Management-Informationssystem mit firmeninternen Daten zur Entscheidungs-findung.

- Formularsysteme zum Bestellen von Büromitteln und zur Reisekostenabrechnung.

- Ein auf einem proprietären System basierendes Bestellsystem für Partner.

Viel Wert wird beim Aufbau und bei der laufenden Pflege des Intranets von SNI auf die Eigeninitiative der Mitarbeiter gesetzt, eine Einstellung, die durch folgendes Zitat deutlich wird:

> *„Das Intranet werden wir dann realisiert haben, wenn wir gar nicht mehr richtig wissen, was alles passiert und wer alles dazu beiträgt. Dann lebt es richtig."*

7.2 Intranet in öffentlichen Organisationen: komsaNET

Öffentliche Verwaltungen sind bezüglich Ihrer Leistungen zunehmender Kritik ausgesetzt. Die traditionelle, bürokratisch-orientierte Leistungsverwaltung wird mit Ansprüchen und Erwartungen verschiedener Interessengruppen konfrontiert, die mit den herkömmlichen Mitteln und Strukturen nicht bewältigt werden können. Neben den stärker individualisierten Bedürfnissen der Bürger und Organisationen nach verbesserten Dienstleistungen werden die öffentlichen Verwaltungen durch politische und ökonomische Entwicklungen in der Gesellschaft einem stark zunehmenden Kostendruck ausgesetzt.

Bei gleichbleibenden bzw. geringer werdenden Mitteln sollen nicht nur die gesetzlich vorgesehen Aufgaben erfüllt werden, sondern darüber hinaus verbesserte Dienstleistungen für die Allgemeinheit geboten werden. Die Verwaltungen haben mit einem negativen Image zu kämpfen, das sie als ineffektiv, bürokratisch und rückständig darstellt.

Das komsaNET ist ein kommunales Netzwerk in Sachsen-Anhalt. Die Diskussion um den „schlanken Staat" und die Verwaltung als moderne, bürgernahe Dienstleistungsorganisation sind die Grundlage für die Entwicklung des komsaNET. KomsaNET wird nicht explizit als Intranet bzw. Extranet bezeichnet, es erfüllt aber die Kriterien des Intranets. Das komsaNET wird von den Kommunen in Sachsen-Anhalt in Zusammenarbeit mit einem Dienstleister erarbeitet. Partner ist ein debis Systemhaus, ein Dienstleister für den öffentlichen Bereich von Daimler-Benz InterServices.

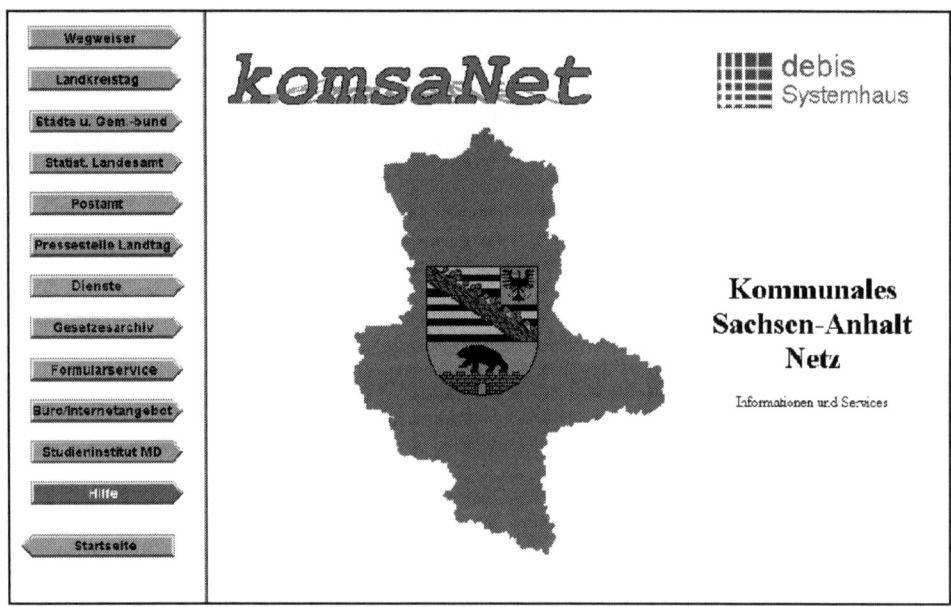

Abbildung 17: Homepage des kommunalen Verbundes komsaNET

Das Intranet einer Verwaltung integriert Technik, Verwaltung und Dienste. Ziel eines Informations- und Kommunikationssystems einer öffentlichen Verwaltung ist es, die Bearbeitung von Verwaltungsaufgaben durch ein Intranet zu unterstützen, um für Bürger, Unternehmen und Interessengruppen schneller, bürgerfreundlicher und transparenter Dienstleistungen anzubieten. Ein kommunales Intranet beinhaltet drei grundlegende Funktionen:

- Information

- Kommunikation

- Verwaltungsfunktionen

Ein kommunales Intranet nutzt die gesamte Bandbreite der Informations- und Kommunikationsfunktionen eines Intranets wie E-Mail, Dateitransfer, Verzeichnisdienste, Konferenzsysteme und Informationsangebote auf HTML-Basis. Informationen können in relationalen Datenbanken vorgehalten werden, um Flexibilität und einfache Aktualisierung zu gewährleisten.[207]

Eine Analyse des Ist-Zustandes der öffentlichen Verwaltung in Sachsen-Anhalt ermittelte eine heterogene Struktur der Informations-, Kommunikations- und Verwaltungsprozesse in Gemeinden, Verwaltungsgemeinschaften, kommunalen Verbänden oberen und mittleren Landesbehörden, Landkreisen und Städten:

- Heterogene Netzstrukturen

- Heterogene Hardware-Systeme

- Keine Koordination zwischen den Verwaltungshierarchien

- Keine finanziellen Mittel

In Bezug auf die Akzeptanz und Wirksamkeit des Systems sind einfache Anwendbarkeit und einfache Benutzerführung eine zentrale Anforderung an das System, denn das System soll umfassend in der Verwaltung eingesetzt werden und im Idealfall von jedem Arbeitsplatz abrufbar sein. Ein Anwender muß ohne spezielle Anwendungskenntnisse Informationen abrufen, Verwaltungsfunktionen ausführen und kommunizieren können. Eine einheitliche, selbsterklärende Benutzeroberfläche soll dies gewährleisten.

Da das System auf der eines Seite sehr offen ausgelegt ist, da breite Kreise in Verwaltung, Politik und allgemeiner Öffentlichkeit Zugriff auf das System haben, auf der anderen Seite aber sensible Daten im System enthalten sind, müssen entsprechende Sicherheitsfunktionen enthalten sein, die den Zugriff auf die Datenbestände regeln.

7.3 Intranet im Dienstleistungsbereich: die Werbeagentur Euro RSCG

Werbeagenturen weisen zahlreiche organisationale Eigenschaften auf, die die Einführung eines Intranets sinnvoll erscheinen lassen. Als Dienstleistungsunternehmen mit hohem Kommunikations- und Informationsbedarf, zahlreichen freien Mitarbeitern, Zulieferern und

---

[207] Vgl. Noltemeier (1997), Seite 35.

Kooperationspartnern sowie einer breiten Kundenbasis können sie von den Möglichkeiten des Intranets insbesondere profitieren. Die oft kurzfristige Kundenbindung und die allgemeine Abneigung kreativer Mitarbeiter gegen technische Systeme wirken sich in dieser Hinsicht allerdings negativ aus.

Das Intranet der Werbeagentur Euro RSCG hat vor allem zwei Hauptziele:

- Die interne Kommunikation und der Informationsfluß zwischen den Mitarbeitern, Abteilungen und regionalen Niederlassungen soll verbessert werden.

- Die Kommunikation mit dem organisationsexternen Unternehmen, dem Kunden Intel, soll optimiert werden.

Der Anstoß zur Entwicklung und Einrichtung eines Intranets kam aus der organisationalen Umwelt. Der Neukunde Intel hat die Vergabe des weltweiten Werbeetats in Höhe von 100 Millionen Dollar mit der Bedingung verknüpft, daß die Kooperation über ein Intranet geschieht. Ein Unternehmen der IT-Industrie, die im Bereich Intranet eine Vorreiterrolle spielt, gab also den Anstoß für die Auseinandersetzung eines branchenfremden Unternehmens mit dem Informations- und Kommunikationssystem Intranet. Dieser Aspekt ist hoch zu bewerten, da ein Informationssystem einer Werbeagentur leistungsfähige und anspruchsvolle technische Lösungen erfordert. Umfangreiches Grafik- und Videomaterial erfordert leistungsstarke Übertragungswege, die heterogene Organisationsstruktur macht die Einbindung unterschiedlicher Hard- und Softwareumgebungen notwendig.

Intel wurde als Kunde gewonnen, da Euro RSCG eine Mehrheit an der US-amerikanischen Agentur Dahlin Smith White (DSW) aus Salt Lake City übernommen hat, die seit sechs Jahren für die Werbung von Intel in den USA verantwortlich ist.

Dabei erhält die in den Bereich Informationstechnologie weniger involvierte Dienstleistungsagentur das notwendige Know-how zum Aufbau des Intranets von einem kompetenten Partner. Euro RSCG und Intel entwickelten gemeinsam in mehreren Monaten ein Konzept für ein sogenanntes „Workgroup-Computing". Die 300 Mitarbeiter von Euro RSCG in 14 Agenturen und 5 Ländern verfügen nun über einen Internet-Zugang. Nach Angaben von Euro RSCG ein erheblicher Strukturwandel. Für die technologische Ausstattung wurden insgesamt 1 Mio. DM investiert.

Seit Mitte 1995 ist Intel über ein globales Kommunikationssystem mit Agenturen verbunden. Das System bietet Funktionen des Projektmanagement auf Lotus Notes-Basis sowie eine Datenbank. Grafiken und anderes kreatives Material werden mit Hilfe von Adobe Acrobat ausgetauscht. Intel und die Agentur sind zusätzlich über das Konferenzsystem Intel ProShare verbunden. Die Agenturen können über das Internet Storyboards, kreative Briefings und Berichte zur Mediaplanung austauschen.

Für die Kommunikation wird das proprietäre Groupware-System Lotus Notes eingesetzt. Agentur und Kunden haben einen zeitgleichen Zugriff auf Etat-Jobs. Ersetzt bzw. ergänzt wird die sogenannte Job-Tasche, die in den Werbeagenturen traditionell als Projektmappe genutzt wird.

In der Anfangsphase wurden Euro RSCG Paris, Intel USA, Intel München, Ball Ltd. Hong Kong und die Agentur DSW miteinander verknüpft. Mit der Weiterentwicklung des Systems werden leistungsfähige Systemkomponenten wie ein Lotus Notes Intranet Server, ein Internet Server und Intel ProShare eingerichtet.

Das Intranet bietet den Organisationseinheiten der Werbeagentur sowie den angebundenen Kunden und freien Mitarbeitern ein virtuelles Kundenarchiv, in dem Ideen für Kampagnen, Besprechungsprotokolle, Kontaktberichte, Copy-Analysen, Korrespondenz, Video-Dateien, Grafiken, Bilder, Texte usw. abgelegt sind.

Die Datenbank ist so konzipiert, daß alle Lotus Notes-kompatiblen Systeme, vor allem DOS- und die in Werbeunternehmen wichtigen Macintosh-Systeme die Dokumente nutzen können. Der Benutzer kann einen Kommentar zu den Dokumenten einfügen. Das System bietet zudem ein persönliches Suchraster, in dem beispielsweise ungelesene Dokumente angezeigt werden.

Die Datenbank für den Kunden Intel umfaßte 1996 ca. 300 MByte Die Daten werden nach einem festgelegten Muster (Datum, Auto, Titel, Status) als Dokument erfaßt und auf dem nächsten Server von Euro RSCG gespeichert. Dann werden die Daten mit den anderen Servern der Agenturgruppe verglichen und repliziert.

Insgesamt sind über das Intranet Organisationseinheiten aus 52 Ländern miteinander verbunden. Der Kunde Intel kann auf diese Weise von einem weltweiten „Ad-Team" betreut werden.

Aus wirtschaftlicher Sicht werden vor allem Kosten für Telefon, Fax und Kuriere eingespart. Für die Verantwortlichen der Agentur ist aber die Zeitersparnis in der Projektarbeit der wichtigste Vorteil eines Intranets. Vereinfacht wird die Abstimmung mit den einzelnen Niederlassungen. Die Abläufe werden nach Angaben von Euro RSCG „entbürokratisiert" und „entpolitisiert". Für die eigentlichen kreativen Aufgaben der Werbeagentur kann so mehr Zeit aufgewendet werden.

In der Agenturgruppe mußte erst grundlegendes Wissen gewonnen und diskutiert werden. Aufbau und optimale Nutzung des Internets bzw. des Intranets stehen dabei im Mittelpunkt. Die IT-Manager der Gruppe bilden zur internationalen Koordination ein Gremium.

Abbildung 18: Einwahl in das Intranet von Euro RSCG über die Internet-Homepage

8 Fazit

Zu Beginn der Arbeit wird das Intranet als informations- und kommunikationstechnisches System für Organisationen vorgestellt, das auf Internet-Technologien aufbaut. Organisationen basieren auf den Austauschprozessen der Mitglieder, die in der modernen Informationsgesellschaft immer schneller und globaler ablaufen. Diese Entwicklung erfordert neue Informations- und Kommunikationsformen in Organisationen, die insbesondere Gruppen- und Teamarbeit, Organisationales Lernen sowie neue Organisationsstrukturen erfordern.

Die Merkmale des Intranets fördern die Ausbreitung dieser Technologie in Organisationen. Flexibilität, Benutzerfreundlichkeit, geringe Kosten, allgemeine Standardisierung und neue, integrative Kommunikationsmöglichkeiten ermöglichen eine umfassende und tiefgreifende Diffusion der Technik in Organisationen.

Die Komponenten des Intranets können von großen Teilen der Organisation genutzt werden und bewirken in zahlreichen Subsystemen der Organisation Effizienzsteigerungen. Das Intranet ermöglicht die Gruppen- und Teamarbeit, die in modernen Organisationen von entscheidender Bedeutung ist. Bisherige Systeme konnten sich aufgrund spezifischer Nachteile in diesen Bereichen kaum durchsetzen.

Das Intranet diffundiert in zahlreiche Subsysteme moderner Organisationen wie Marketing, Vertrieb, Personalwesen, Forschung und Entwicklung usw. Der schnelle und einfache Zugriff auf Informationen und Kommunikationsfunktionen ist ausschlaggebend für den Erfolg. Weiterführende Funktionen wie Groupware und Workflow sowie die Bereitstellung von Anwendungen sind noch in der Entwicklung und erst in Teilbereichen realisiert. Diese Funktionen sind allerdings für die Entwicklung neuer Organisationsformen entscheidend.

Die moderne Informationsgesellschaft erfordert schnelle Reaktion und Anpassung auf sich ändernde Umwelteinflüsse. Eine derartige Flexibilität der Organisation ist bei herkömmlichen, hierarchischen Organisationsstrukturen nicht gegeben. Neue Organisationsformen erfordern andere Strukturen sowie Fähigkeiten und Einstellungen der Mitglieder. Dezentrale Organisations- und Entscheidungsstrukturen, Organisationales Lernen, Teamarbeit usw. werden durch das informationstechnische System Intranet gefördert.

Die Mitglieder von Organisationen müssen sich diesen neuen Bedingungen anpassen. Mehr Entscheidungs- und Mitsprachemöglichkeiten erfordern gut ausgebildete, motivierte, mitdenkende Mitarbeiter, die die Informations- und Kommunikationsfunktionen aktiv nutzen. Ablehnende Einstellungen gegen technische Systeme, wie sie von bisherigen Systemen hervorgerufen werden (allg. Technikfeindlichkeit, Verständnis- und Anwendungsschwierigkeiten), sind aufgrund der Benutzerfreundlichkeit des Intranets weniger gravierend und können durch Schulungen, Anleitungen und systemimmanente Hilfefunktionen aufgefangen werden. Konflikte können allerdings aufgrund der offenen Informationsstruktur des Intranets entstehen, wenn Mitglieder Kompetenzverluste befürchten. Die Einrichtung eines Intranets muß durch organisatorische Maßnahmen begleitet werden, um erfolgreich zu sein.

Die neuen technischen Möglichkeiten des Intranets, wie umfassende Einsetzbarkeit, Fehlertoleranz und Benutzerfreundlichkeit, lassen neue Organisationsformen entstehen, die zwar auf den Matrixorganisationen basieren, durch das technische System Intranet aber eine neue Qualität erreichen. Extranet und die Virtuelle Organisation sind neue Formen der organisationellen Strukturierung von Systemen, die ohne das Intranet nicht realisierbar sind. Die Zusammenarbeit von Organisationen im Rahmen eines Extranets ermöglicht es Unternehmen, Behörden, schulischen Einrichtungen usw. auf veränderte Kundenwünsche, schnellen Wandel der Umweltbedingungen, neue globale Herausforderungen und veränderte Einstellungen der Mitglieder zu reagieren. Dabei bleiben die eigentlichen Strukturen der Organisationen erhalten. Das Extranet ermöglicht aber eine bessere und intensivere Zusammenarbeit von Organisationen.

Mit der Virtuellen Organisation entsteht auf Basis des Intranets ein neuer Organisationstypus. Gegenüber den Kunden stellt sich die Virtuelle Organisation als Einheit dar, der Organisationsaufbau setzt sich aber aus Teilsystemen mehrerer Organisationen zusammen. Diese Organisationen erschließen sich durch die Virtuelle Organisation Know-how, Märkte, Flexibilität, Reaktionsschnelligkeit und Strukturen, die sie als einzelne Organisationen nicht aufbauen bzw. mit herkömmlichen Kooperationsformen nicht schnell genug realisieren können. Durch die geographische und organisatorische Verteilung ist eine Virtuelle Organisation existentiell von Informations- und Kommunikationstechnologien abhängig. Das Intranet ist als integriertes System das ideale Austauschmedium für Virtuelle Organisationen. Ergänzt durch klassische und moderne Telekommunikationsfunktionen (Telefon, Call-Center) und moderne Organisationsformen können Virtuelle Organisation die Nachteile der fehlenden räumlichen Nähe und strukturellen Bindung ausgleichen und die Vorteile des virtuellen Verbundes nutzen.

9 Glossar

- Authentifizierung
  Berechtigungsprüfung. Vor dem Zugriff auf ein Intranet oder auf bestimmte Informationsinhalte wird die Zugriffsberechtigung des Anwenders beispielsweise auf Basis einer Paßworteingabe überprüft. Eine Authentifizierung ist in einem Intranet notwendig, wenn der Zugriff per Fernverbindung erfolgt oder wenn Informationen nur für eine spezifische Gruppe innerhalb der Organisation zugänglich sein sollen.

- Bandbreite
  Die Übertragungskapazität einer Kommunikationsverbindung. Zur Übertragung der Daten in einem Intranet muß eine ausreichende Bandbreite zur Verfügung gestellt werden, die von der Nutzungsvielfalt und –intensität abhängt. Anwendungen wie Videokonferenzen oder das Herunterladen umfangreicher Datenbestände erfordern höhere Bandbreiten. Der Fernzugriff auf ein Intranet basiert im allgemeinen auf geringen Bandbreiten, beispielsweise eines Modems. Die Bandbreite eines Intranet sollte ausreichend groß gewählt sein, damit der Funktionsablauf nicht durch lange Wartezeiten bei Übertragungen gehemmt wird oder die Anwender die Geduld verlieren.

- Browser
  Auch Web-Browser. Browser sind Software-Programme, mit denen die Inhalte des WWW oder des Intranets genutzt werden können. Sie sind ein zentraler Bestandteil des Intranets, denn sie stellen die einheitliche, universelle Benutzeroberfläche des Intranets dar. Sie integrieren die Gesamtheit der im Intranet verfügbaren Dienste. Siehe auch Seite 42.

- Browsing
  Aufnehmen von Informationen während der Suche nach einer spezifischen Information in Hypertextsystemen. Der Benutzer eines Intranets findet bei der Suche in der Informationsbasis neue Informationen, die seinen Wissensbestand erweitern.

- Centre Européen pour la Recherche Nucléaire (CERN)
  Im Europäischen Institut für Teilchenphysik in Bern wurde im Jahr 1989 das Konzept für das World Wide Web entwickelt. Das WWW-System für den Informationsaustausch zwischen den Wissenschaftlern des CERN gilt als erstes Intranet.

- Chat
  Chat-Funktionen ermöglichen die direkte schriftliche Kommunikation von Personen, die sich an unterschiedlichen Orten befinden.

- Client
  Eine Einrichtung, die Daten und Dienste eines Servers nutzt. Ein Browser ist beispielsweise eine Client-Anwendung, mit der Informationen dargestellt werden können, die als Daten auf Servern abgerufen werden.

- Client/Server-Architektur
  Eine Netzwerkarchitektur, bei der Client-Computer Daten, Programme und Dienste
  von Server-Rechnern anfordern. In einer Client/Server-Architektur können die Clients
  die Ressourcen der Server nutzen. Ein Intranet setzt häufig auf die bestehende
  Client/Server-Architektur einer Organisation auf.

- Datenpaket
  Eine Einheit von Informationen, die von einem Knoten im Netzwerk zum nächsten
  übertragen wird. Die Übertragung im Internet/Intranet basiert auf Datenpaketen.

- Download
  Auch Herunterladen. Das Abrufen von Daten auf das eigenen System. Im Intranet
  können per Download Daten wie Software, Treiber oder Lernprogramme auf den
  eigenen Rechner heruntergeladen werden.

- E-Mail
  Kurzform von Electronic Mail, also der elektronischen Post. Eine der grundlegenden
  Formen der Kommunikation im Intranet. E-Mails können an eine Einzelperson oder
  an ganze Gruppen versandt werden. Andere Kommunikationsformen wie Telefonieren
  oder Briefwechsel werden durch E-Mail substituiert. Siehe auch Seite 49.

- Extranet
  Eine Sonderform des Intranets, bei der Individuen oder Organisationen an das Intranet
  angebunden werden, die nicht der Organisation angehören, aber durch funktionale
  Beziehungen mit ihr verbunden sind. Unternehmen nutzen beispielsweise ein Extranet,
  um Lieferanten mit relevanten Informationen zu versorgen. Siehe auch Seite 104.

- Fernzugriff
  Eine Verbindung zum Server des Intranets, die per Modem hergestellt wird. Die
  Möglichkeit des Fernzugriff wird von Organisationseinheiten wie Außendienst und
  Telearbeitern genutzt. Durch eine einfache Einwahl stehen alle Informationen des
  Intranets zur Verfügung. Fernzugriff ist eine Voraussetzung für eine räumliche
  Flexibilisierung der Aufgabenerfüllung der Mitglieder von Organisationen.

- File Transfer Protocol (FTP)
  TCP/IP-Protokoll, das für die Einwahl in einen Computer verwendet wird, um die
  Dateiübertragung zu ermöglichen.

- Firewall
  Firewalls sind Systeme aus Hardware und Software, die Datennetze mit
  unterschiedlichen Sicherheitsstrukturen verbinden. Eine Firewall bildet den Übergang
  vom Intranet zum Internet. Innerhalb eines Intranets kann eine Firewall einen speziell
  gesicherten Teil des Informationssystems gegen andere Teile abschirmen.

- Frequently Asked Questions (FAQ)
  Englischer Ausdruck für eine Sammlung von häufig gestellten Fragen zu einem
  Themenkomplex. In einer FAQ-Textsammlung werden Fragen exemplarisch
  beantwortet, so daß Interessierte sowie neue Mitglieder einer Gruppe oder Organisation

sich schnell in die grundlegenden Fragestellungen einarbeiten können. FAQ-Listen in einem Intranet können zeit- und arbeitsintensive individuelle Anfragen ersetzen.

- Graphics Interchange Format (GIF)
  Grafiken dieses Dateiformats können in HTML-Dokumente eingebunden werden. Durch Komprimierungsverfahren haben GIF-Grafiken eine vergleichsweise geringe Dateigröße, wodurch ein schneller Bildaufbau im Browser realisiert werden kann.

- Groupware
  Software-Anwendungen, die Interaktionen von Gruppen über ein Netzwerk ermöglichen. Weit verbreitete Groupware-Programme sind Lotus Notes, Microsoft Exchange und GroupWise von Novell. Groupware-Funktionen werden in moderne Browser integriert, um proprietäre Systeme zu ersetzen. Auf diese Weise werden im Intranet Groupware-Lösungen möglich, die auf offenen Standards basieren und einfach zu bedienen sind.

- Hacker
  Eine Person, die ohne Berechtigung in ein Computersystem eindringt. Durch Paßwortabfrage und Authentifizierungsabfragen wird in einem Intranet gewährleistet, daß Unbefugte das System nicht nutzen können. Ein Hacker versucht, diese Sicherheitsmechanismen zu umgehen, um in das System einzudringen, geheime Informationen zu erlangen oder Schaden anzurichten.

- Hit
  Zählung beim Zugriff auf ein Web-Dokument. Beim Aufruf eines HTML-Dokuments, einer Grafik, eines Videos usw. wird ein Hit erzeugt. Die Anzahl der Hits zeigt die Nutzungshäufigkeit einer Informationseinheit im WWW/Intranet an.

- Homepage
  Eine Ausgangs- und Orientierungsseite im WWW oder Intranet mit Verknüpfungen zu anderen Informationseinheiten. Eine Homepage wird üblicherweise beim ersten Aufruf des Browsers geöffnet. In umfangreichen Intranets können weitere Homepages von einzelnen Abteilungen der Organisation eingerichtet werden.

- HTML-Editor
  Softwareprogramme, mit denen HTML-Seiten erstellt werden können, die die grundlegenden Informationsseiten im Intranet sind. Frontpage und HotDog sind beispielsweise HTML-Editoren. HTML-Editierfunktionen werden zunehmend in traditionelle Geschäftsanwendungen wie Textverarbeitungen und Tabellenkalkulationen integriert.

- Hypertext
  Das Prinzip der nicht-linearen Verknüpfung von textuellen Informationen. Der Nutzer eines Hypertext navigiert anhand von Verknüpfungen von einer relevanten Informationseinheit zur nächsten. Werden die Informationen eines Hypertexts durch multimedial Elemente ergänzt, spricht man von Hypermedia.

- Hypertext Markup Language (HTML)
  Eine Markierungssprache, in der HTML-Dokumente formatiert werden. HTML-Elemente im Dokument definieren, wie Text-, Grafik und andere Elemente einer HTML-Seite im Browser dargestellt werden.

- Hypertext Transfer Protocol (HTTP)
  Übertragungsprotokoll für HTML-Dokumente.

- Internet
  Ein globales Netzwerk. Das Internet ist eine dezentrale Netzwerkstruktur aus unzähligen Verbindungen und Computern. Weltweit haben mehrere zig-Millionen Benutzer Zugriff auf das Internet. Das Internet ist Basis für zahlreiche Kommunikations- und Informationsdienste, beispielsweise World Wide Web, E-Mail FTP usw. In einem Intranet werden Internet-Technologien für organisationsinterne Zwecke genutzt.

- Internet Protocol (IP)
  Der Teil der TCP/IP-Protokollsammlung, der das Weiterleiten der Datenpakete reguliert. In einem Intranet werden diese Protokolle zur Datenübertragung genutzt.

- Intranet
  Organisationsinternes Netzwerk, daß auf Internet-Technologien aufbaut. Intranets ermöglichen einen umfassenden Informations- und Kommunikationsfluß innerhalb der Organisation.

- Java
  Objektorientierte Programmiersprache, mit der insbesondere Programme für den Einsatz mit Browsern, sogenannte Applets, entwickelt werden können. Mit Java können speziellere Anwendungen in einem Intranet realisiert werden.

- Kryptographie
  Siehe Verschlüsselung.

- Links (Verknüpfungen)
  Die Verknüpfung der Informationseinheiten durch Links ist ein zentraler Bestandteil eines Hypertexts, beispielsweise im Internet oder Intranet. Eine Verknüpfung führt von einer Informationseinheit zu einer anderen und wieder zurück. Informationen werden verknüpft, um Sinnzusammenhänge zu verdeutlichen und abrufbar zu machen.

- Local Area Network (LAN)
  Lokales Netzwerk. Ein LAN ist ein Netzwerk aus Computern und anderen Peripheriegeräten, das durch technische oder organisatorische Bedingungen auf einen bestimmten Raum begrenzt ist. In Abteilungen von Organisationen und kleinen Organisationen werden LANs als Netzwerk eingesetzt. Ein LAN kann durch die Nutzung der Internet-Standards die Basis für ein Intranet sein.

- Metainformationen
  Nicht-lineare Informations- und Orientierungsstrukturen, die den Zugriff auf Informationseinheiten ermöglichen. Metainformationen dienen der Orientierung in

den Informationsbeständen und bieten einen Überblick über den Gesamtbestand an Informationen, so daß der Anwender die Informationen in den Gesamtkontext einordnen kann.

- Mosaic
Der erste Browser für Windows, der die grafischen Funktionen von HTTP voll ausnutzte. Entwickelt wurde Mosaic am National Center for Supercomputing an der Universität von Illinois.

- Multimedia
Multimedia beinhaltet die Informationsübermittlung auf Basis unterschiedlicher Medien wie Text, Bild, Ton und Video. Multimediale Systeme integrieren die unterschiedlichen Medienformen.

- Navigation
Die Suche nach Informationen in Hypertextsystemen entlang der Verknüpfungen zwischen den Informationspunkten. Aufgrund der nicht-linearen Struktur kann beim Navigieren eine Informationseinheit auf unterschiedlichen Wegen erreicht werden.

- Network Computer (NC)
Ein NC verfügt nicht über lokale Speichermedien wie Festplatte oder Floppy. Das Betriebssystem wird über das Netzwerk geladen, ebenso die Programme. Ein NC dient in einem Intranet als Terminal auf dem per Browser Informationen und Programme abgerufen werden können.

- Netzwerk
Die einfachste Form eines Netzwerks ist die Verbindung zweier Computer per Kabel. das Verbinden von Computern in einem Netzwerk ermöglicht den Austausch von Daten und Informationen. Über ein Netzwerk können Ressourcen wie Drucker, Festplatten, Datenbanken usw. gemeinsam von den angeschlossenen Computern bzw. den Benutzern der Computer genutzt werden. Netzwerke finden sich in den meisten professionellen Organisationen wie Unternehmen, Behörden, Krankenhäusern etc. Ein Intranet ist ein organisationsinternes Netzwerk auf Basis von Internet-Technologien.

- Newsgroup
Eine schriftliche Form der Diskussion zu einem bestimmten Thema. Teilnehmer einer Newsgroup übermitteln Nachrichten, die von den anderen Teilnehmern gelesen, kommentiert und beantwortet werden können.

- Knoten
Informationseinheit in einem Hypertext. Verknüpfungen führen zu diesen Informationseinheiten, die Text-, Video-, Bild oder Sounddaten enthalten können.

- Paßwort
Identifikation eines autorisierten Benutzers anhand einer bestimmten Zeichenfolge bei der Einwahl in ein System.

- Pfade
Nutzungsstrukturen in Hypertexten, die Informationseinheiten nach inhaltlichen

Kriterien zusammenfassen und dem Anwender einen möglichen Navigationsweg vorgeben. Lernprogramme in einem Intranet bedienen sich üblicherweise einer Pfadstruktur, um zu gewährleisten, daß der Anwender alle Lerneinheiten berücksichtigt. Der Anwender kann vom Pfad abweichen, um zusätzliche Informationen abzurufen oder Informationseinheiten zu überspringen.

- Plug-In
  Ein Programm, das von einem Browser aktiviert wird, um Dateien darzustellen bzw. Funktionen auszuführen, die vom Browser selbst nicht verarbeitet werden können. Plug-Ins müssen in die Konfiguration des Browsers integriert werden. Plug-Ins sind beispielsweise zum Abspielen von Video- oder Sounddateien erforderlich.

- Protokoll
  Durch Protokolle werden Verfahren der Übertragung festgelegt. Sender und Empfänger müssen die gleichen Protokolle verwenden, damit die Kommunikation stattfinden kann.

- Replikation
  Verfahren zur Synchronisation von Datenbeständen auf unterschiedlichen Rechnersystemen.

- Search Engine
  Siehe Suchmaschine.

- Server
  Ein Computer, der anderen Computern im Netzwerk Ressourcen zur Verfügung stellt. Ein Server ist ein zentraler technischer Bestandteil eines Intranets. Er stellt Daten und Dienste zur Verfügung, die von den Anwendern mit einem Browser abgerufen werden.

- Simple Mail Transfer Protocol (SMTP)
  Protokoll der TCP/IP-Protokollsammlung zum Austausch von E-Mails über das Internet.

- Standleitung
  Ein Übertragungsmedium, das exklusiv zwischen zwei Standorten genutzt wird.

- Suchmaschine
  Eine Web-Site, über die Anfragen nach speziellen Informationen ausgeführt werden können. Gesucht wird in umfangreichen Datenbanken, in denen Web-Seiten gespeichert sind. Als Ergebnis werden die URLs von Web-Seiten ausgegeben, deren Inhalte der Suchanfrage entsprechen.

- Telnet
  Das Telnet-Protokoll setzt auf den TCP/IP-Protokollstapel auf und erfüllt die Funktion eines virtuellen Terminals. Durch Telnet wird der Fernzugriff vom eigenen Computer auf andere Computersysteme des Netzwerks realisiert. Der Fernzugriff auf Systeme ist eine der wichtigsten Eigenschaften des Intranets, durch die geographische Flexibilität gewährleistet wird und Funktionen wie Telearbeit und Anbindung dezentraler Standorte möglich werden. Telnet bietet eine bidirektionale Kommunikation zwischen

Endgeräten und Prozessen/Anwendungen auf Client/Server-Basis. Telnet bietet so die Möglichkeit, auf Anwendungen zuzugreifen, die auf einem anderen Computersystem bereitgestellt werden.

- Transmission Control Protocol (TCP)
  Dieses Protokoll stellt bei einer Datenübertragung auf TCP/IP-Basis Überprüfungsfunktionen für eine korrekte Übertragung hinzu. Kommt ein Datenpaket nicht beim Empfänger an, wird eine erneute Übertragung angefordert.

- Transmission Control Protocol/Internet Protocol (TCP/IP)
  Eine Sammlung von Datenübertragungsprotokollen, die die Grundlage für die Datenkommunikation im Internet und im Intranet bilden. TCP/IP ist plattformübergreifend verfügbar.

- Uniform Resource Locator (URL)
  Eine Adressierung im World Wide Web. Eine URL setzt sich aus dem zu verwendenden Protokoll (bspw. HHTP, FTP), Trennzeichen und der Bezeichung des anzuwählenden Internet-Hosts zusammen.

- Verknüpfung
  Siehe Links.

- Verknüpfungsanzeiger
  Verknüpfungsanzeiger kennzeichnen eine Verknüpfung zu einer anderen Informationseinheit in einem Hypertext. Unterstrichen und farbig formatierter Text oder grafische Elemente können als Verknüpfungsanzeiger dienen.

- Verschlüsselung
  Auch Kryptographie. Das Kodieren von Nachrichten aus Sicherheitsgründen. Der Sender verschlüsselt eine Nachricht, die vom Empfänger mit dem gleichen Schlüssel dekodiert werden kann. Unautorisierte Personen, die die Nachricht während der Übertragung abfangen, können die Daten nicht entschlüsseln. Auf diese Weise können vertrauliche Daten über das „unsichere" Internet übertragen werden.

- Viewer
  Plug-In zum Betrachten von grafischen Elementen in HTML-Seiten, die der Browser selbst nicht verarbeiten kann. Siehe Plug-In.

- Web-Browser
  Siehe Browser.

- Web-Server
  Eine Kombination aus Hardware und Software, die Clients im Internet und im Intranet Ressourcen zur Verfügung stellt. Siehe Server.

- Web-Site
  Eine Sammlung zusammenhängender HTML-Seiten, die über die gleiche Internet-Adresse abgerufen werden können.

- Whiteboard
  Ein elektronisches Anschlagbrett im Intranet. Die Mitglieder einer Organisation können hier informelle Informationen austauschen, ähnlich dem „schwarzen Brett" in Organisationen. Ein Whiteboard kann auch als Konferenzsystem genutzt werden, wobei Konferenzteilnehmer auf einer gemeinsamen weißen Arbeitsfläche Text eingeben oder Zeichnungen anfertigen.

- Wide Area Network (WAN)
  Abkürzung für Wide Area Network, weiträumiges Netzwerk. Ein WAN verbindet die informationstechnische Infrastruktur der unterschiedlichen Standorte einer Organisation. beispielsweise die Niederlassungen einer Bank, so daß Informationen und Daten über weite Entfernungen über gemietete Leitungen ausgetauscht oder gemeinsam genutzt werden können. Das Internet kann als WAN bezeichnet werden. Ein Intranet kann im WAN einer Organisation implementiert werden.

- World Wide Web (WWW)
  Ein Internet-Dienst, bei dem Dokumente, die auf unterschiedlichen Servern abgelegt sind, über Hypertext-Verknüpfungen verbunden sind. Das WWW ist der populärste Internet-Dienst, da er eine unüberschaubare Menge an Informationen aus allen Themenbereichen bietet und durch die einfache grafische Nutzung per Browser eine unkomplizierte Nutzung ermöglicht.

10 Literatur

Im folgenden Kapitel wird die verwendete Literatur aufgeführt. Zunächst werden Monographien und Publikationen aus Zeitungen und Zeitschriften in alphabetischer Reihenfolge der Autoren aufgeführt. Dann folgt eine Liste der für diese Arbeit genutzten Informationsangebote im World Wide Web. Diese Informationsquellen werden mit einem Titel, der URL, unter der das Angebot zu finden ist, und einer Kurzbeschreibung zitiert. Da die Informationen im World Wide Web starken Veränderungen unterliegen, da sich Inhalte ändern oder Informationsangebote ganz aufgelöst werden, ist es möglich, daß einige Informationen zu einem späteren Zeitpunkt nicht mehr abrufbar sind.

10.1 Literatur

Ackermann, F. (1996):
Working with groups using groupware: electronic problem structuring and project management for support for face to face and dispersed organizational groups, in: Glasson, B u.a. (Hrsg.): Information Systems and Technology in the International Office of the Future. London, Seite 13-28.

Altvater, E. und Mahnkopf, B. (1997):
Grenzen der Globalisierung. Münster.

Apitz, R. und Guther, A. (1996):
Die Visitenkarte des Internets – die neuen Kommunikationsmöglichkeiten, in: tekom Nachrichten 4(18), Seite 6-9.

Arnold, O. u.a. (1995):
Virtuelle Unternehmen als Unternehmenstyp der Zukunft?, in: Theorie und Praxis der Wirtschaftsinformatik, 185(32), Seite 8-23.

Arthur D. Little (Hrsg.) (1996):
Management in vernetzten Unternehmen. Wiesbaden.

Badach, A. (1994):
ISDN im Einsatz: PC-, LAN-, Host-Systemintegration, integrierte Bürokommunikation. Bergheim.

Berberich, F. (1997):
Intranet im Einsatz – SNI, in internetworld 7/97, Seite 112- 113.

Bös, M. (1997):
Migration als Problem offener Gesellschaften – Globalisierung und sozialer Wandel in Westeuropa und Nordamerika. Opladen.

Bots, P. und Streng, R. J. (1996):
Measuring the impact of communication technology on group decision making, in: Glasson, B. u.a. (Hrsg.): Information Systems and Technology in the International Office of the Future. London, Seite 63-80.

Bruetsch, D. (1996):
Virtuelle Organisation in der Praxis, in: IO-Management 9(65), Seite 33-35.

Brünnecke, K.; Deutschmann, C. und Faust, M. (1992):
Betriebspolitische Aspekte des Bürokratieabbaus in Industrieunternehmen, in: Staehle, W. H. und Conrad, P. (Hrsg.): Managementforschung 2. Berlin und New York, Seite 1-38.

Bullinger, H.-J. (1996):
Multimedial, interaktiv und online – Integration der Kommunikation, in: tekom Nachrichten 4(18), Seite 4-5.

Bullinger, H.-J., Dormeier, S. und Renner, T. (1997):
Zentrale Plattform Intranet – Unternehmen auf dem Weg zum „knowledge-warehouse", in: Office Management, 2(45), Seite 9-13.

Bullinger, H.-J.; Hofmann, J. und Zinser, S. (1996):
Ausblick: Virtuelle Organisationen, in: Schuh, G. (Hrsg.): Vom Business Process Reengineering zum Prozessmanagement. St. Gallen.

Bushe, G. R. und Shani, A. B. (1991):
Parallel learning structures. Reading.

Byrne, J. (1993):
The Virtual Corporation, in: Business Week, Nr. 3340, Seite 36.

Chang, I. und Lin, L-C. (1996):
An internet realtime conference: design, experience and future application, in: Glasson, B. u.a. (Hrsg.): Information Systems and Technology in the International Office of the Future. London, Seite 81-90.

Chellis, J., Perkins, C. und Strebe, M. (1997):
MCSE: Networking Essentials Study Guide. San Francisco.

Crozier, M. und Friedberg, E. (1979):
Macht und Organisation. Die Quellen kollektiven Handelns. Königstein.

Davison, R. und Jordan, E. (1996):
Cultural factors in the adoption and use of GSS, in: Glasson, B. u.a. (Hrsg.): Information Systems and Technology in the International Office of the Future. London, Seite 99-110.

Dorn, B. (Hrsg.) (1994):
Das informierte Management. Berlin u.a.

Dospisil, J.; Kendall, E. A. und Polgar, T. (1996):
Operating systems for the multimedia office of the future, in: Glasson, B. u.a. (Hrsg.): Information Systems and Technology in the International Office of the Future. London, Seite 111-120.

Dyson, P. (1996):
Mastering MS Internet Information Server. San Francisco.

Einemann, E. (1997):
Globale Trends und regionale Strategien – Telekommunikation, Informationstechnik,
Zukunft. Bremen.

Eitel, H. (1991):
Die organisatorische und technische Integration der Arbeitsprozesse in der Konstruktion
durch Informationssysteme, in: Verein Deutscher Ingenieure (Hrsg.): Erfolgreicher mit
Bürokommunikation in Industrie und Dienstleistung: Lösungen aus der Praxis. Düsseldorf,
Seite 21-44.

Elsner, M. u.a. (1994):
Zur Kulturgeschichte der Medien, in: Merten, K.; Schmidt, S. J. und Weischenberg, S.
(Hrsg.): Die Wirklichkeit der Medien - Eine Einführung in die
Kommunikationswissenschaft, Opladen, Seite 163-187.

Fehlbaum, P.; Hill, W. und Ulrich, P (1976):
Organisationslehre I. Bern und Stuttgart.

Ferretti, V. (1996):
Wörterbuch der Datentechnik. Berlin u.a.

Fietkau, M. (1992):
Systemdesign: Entwicklung eines Anwendungssystems im Rahmen der integrierten
Bürokommunikation. Bonn.

Forster, J. (1978):
Teams und Teamarbeit in der Unternehmung. Bern.

Frese, E. (1992):
Organisationstheorie, in: Frese, E. (Hrsg.): Handwörterbuch der Organisation, 3. Aufl.
Stuttgart, Spalte 1706-1733.

Frese, E. (Hrsg.) (1992):
Handwörterbuch der Organisation. 3. Aufl. Stuttgart.

Frese, E. und v. Werder, Axel (1992):
Bürokommunikation, in: Frese, E. (Hrsg.): Handwörterbuch der Organisation, 3. Aufl.
Stuttgart, Spalte 374-390.

Fröschle, H.-P. u.a. (1991):
Interaktive Multi-Media-Systeme zur betrieblichen Qualifizierung, in: Verein Deutscher
Ingenieure (Hrsg.): Erfolgreicher mit Bürokommunikation in Industrie und Dienstleistung:
Lösungen aus der Praxis. Düsseldorf, Seite 399-418.

Glasson, B. u.a. (Hrsg.) (1996):
Information Systems and Technology in the International Office of the Future. London u.a.

Glynn, M. A.; Lant, T. K. und Milliken, F. J. (1994):
Mapping learning processes in organizations: A multi-level framework linking learning and
organization, in: Stubbart, C.; Meindl, J. R. und Porac, J. F. (Hrsg.): Advances in
managerial cognition and organizational information processing. Greenwich, Seite 43-83.

Goldman, S. L. u.a. (1996):
Agil im Wettbewerb. Berlin u.a.

Griese, J. (1992):
Auswirkungen globaler Informations- und Kommunikationssysteme auf die Organisation weltweit tätiger Unternehmen, in: Staehle, W. H. und Conrad, P. (Hrsg.): Managementforschung 2. Berlin und New York, Seite 163-176.

Grote, G. (1993):
Schneller, besser, anders kommunizieren? : Die vielen Gesichter der Bürokommunikation. Zürich.

Guengerich, S.; Douglas, G.; Miller, M. und McDonald, S. (1997):
Building the Corporate Intranet. New York u.a.

Hanft, A. (1996):
Organisationales Lernen und Macht - Über den Zusammenhang von Wissen, Lernen, Macht, Struktur, in: Schreyögg, G. und Conrad, P. (Hrsg.): Managementforschung 6 - Wissensmanagement. Berlin und New York, Seite 133-162.

Hejl, P. M. (1994):
Soziale Konstruktion von Wirklichkeit, in: Merten, K.; Schmidt, S. J. und Weischenberg, S. (Hrsg.): Die Wirklichkeit der Medien - Eine Einführung in die Kommunikationswissenschaft, Opladen, Seite 43-59.

Herget, J. (1997):
Informationsmanagement, in Buder, M.; Rehfeld, W.; Seeger, T. und Strauch, D (Hrsg.): Grundlagen der praktischen Information und Dokumentation, Band 2. München u.a., Seite 781-794.

Hewett, B. (1996):
Meetings bloody meetings – a transition in the concept of meeting as technology reduces dependency on time and geography, in: Glasson, B. u.a. (Hrsg.): Information Systems and Technology in the International Office of the Future. London, Seite 133-144.

Hills, M. (1997):
Intranet as Groupware. New York u.a.

Hinrichs, R. J. (1996)
Intranets: What's the Bottom Line. Mountain View.

Hoffmann, M. (1989):
Bürokommunikation und Benutzerbeteiligung: eine Analyse der Beteiligung der Benutzer am Einführungsprozeß von Bürokommunikationssystemen und Ergebnisse einer empirischen Untersuchung. Frankfurt a.M. u.a.

Hofstede, G. J. (1996):
The windmills in our minds: a workshop on culture clash in CSCW, in: Glasson, B. u.a. (Hrsg.): Information Systems and Technology in the International Office of the Future. London, Seite 145-160.

Homanns, G. C. (1960):
Theorie der sozialen Gruppe. Köln, Opladen.

Horn, R. E. (1989):
Mapping Hypertext. Lexington.

Horowitz, A. R. (1975a):
Kommunikationstheorie, in: Jaggi, B. L. und Görlitz, R. (Hrsg.): Handbuch der Informationssysteme, München, Seite 96-120.

Horowitz, A. R. (1975b):
Wirtschaftslehre der Information, in: Jaggi, B. L. und Görlitz, R. (Hrsg.): Handbuch der Informationssysteme, München, Seite 120-134.

Inmon, W. H. (1996):
Using the Data Warehouse. New York u.a.

ISDN-Forschungskommission des Landes NRW (Hrsg.) (1993):
Betriebliche und überbetriebliche Vernetzung von Arbeitsplätzen. Materialien und Berichte Nr. 9. Düsseldorf.

ISDN-Forschungskommission des Landes NRW (Hrsg.) (1995):
ISDN in Unternehmen und Verwaltungen - Trends, Chancen und Risiken. Materialien und Berichte Nr. 23. Düsseldorf.

Jacobs, F. (1988):
Produktinnovationen bei komplexer Technologie: organisationstheoretische Analyse der Bedingungen und Prozesse von Produktinnovationen auf der Grundlage einer empirischen Untersuchung der Branche „Bürokommunikation". Frankfurt a.M. u.a.

Jaggi, B. L. (1975):
Informationssysteme für das Management, in: Jaggi, B. L. und Görlitz, R. (Hrsg.): Handbuch der Informationssysteme, München, Seite 166-194.

Jaggi, B. L. und Görlitz, R. (Hrsg.) (1975):
Handbuch der betrieblichen Informationssysteme. München.

Jessup, L. N. und Valacich, J. S. (1996)
Using the information superhighway to support organizational learning: content, context an infrastructure, in: Glasson, B. u.a. (Hrsg.): Information Systems and Technology in the International Office of the Future. London, 161-172.

Jonassen, D. H. (1989):
Hypertext/Hypermedia. Englewood Cliffs.

Kaczmarek, H. (1991):
Von Archivierungssystemen zu dokumentenintegrierten Prozeßabwicklungen, in: Verein Deutscher Ingenieure (Hrsg.): Erfolgreicher mit Bürokommunikation in Industrie und Dienstleistung: Lösungen aus der Praxis. Düsseldorf, Seite 71-90.

Käkölä, T. K. und Koota, K. (1996):
Dual information systems for organizational learning – the business and breakdown layers, in: Glasson, B. u.a. (Hrsg.): Information Systems and Technology in the International Office of the Future. London, Seite 173-198.

Kämpf, J. und Kullik, B. (1991):
Rechtliche Rahmenbedingungen für die elektronische Archivierung, in: Verein Deutscher Ingenieure (Hrsg.): Erfolgreicher mit Bürokommunikation in Industrie und Dienstleistung: Lösungen aus der Praxis. Düsseldorf, Seite 247-262.

Karszt, J. und Stucky, W. (1991):
Elektronische Archivierung - neue Anwendungen in der Informatik, in: Verein Deutscher Ingenieure (Hrsg.): Erfolgreicher mit Bürokommunikation in Industrie und Dienstleistung: Lösungen aus der Praxis. Düsseldorf, Seite 143-146.

Kasper, H. (1991):
Neuerung durch selbstorganisierende Prozesse, in: Staehle, W. und Sydow, J. (Hrsg.): Managementforschung 1. Berlin und New York, Seite 1-74.

Kearsley, G. und Shneiderman, B. (1989):
Hypertext Hands-On! Reading u.a.

Kirn, S. (1995):
Kooperierende intelligente Agenten in virtuellen Organisationen, in: Theorie und Praxis der Wirtschaftsinformatik, 185(32), Seite 24-36.

Kius, R. (1997):
Intranets und Extranets - Innerlich und außer sich, in: Screen Multimedia 6/97, Seite 14-19.

Klatt, M. (1991):
Erfahrungen mit computergestützten Lehrsystemen am Beispiel: „Auftragsbearbeitung in der Computer-Industrie" , in: Verein Deutscher Ingenieure (Hrsg.): Erfolgreicher mit Bürokommunikation in Industrie und Dienstleistung: Lösungen aus der Praxis. Düsseldorf, Seite 385-397.

Klein, S. (1994):
Virtuelle Organisation, in: Wirtschaftswissenschaftliches Studium 6(23), Seite 309-311.

Klimecki, R.; Probst, G. und Eberl, P. (1991):
Systementwicklung als Managementproblem, in: Staehle, W. und Sydow, J. (Hrsg.): Managementforschung 1. Berlin und New York, Seite 103-162.

Knabe, G. (1991):
Rechnergestützte Qualifizierung - Möglichkeiten - Grenzen - Entwicklungstendenzen, in: Verein Deutscher Ingenieure (Hrsg.): Erfolgreicher mit Bürokommunikation in Industrie und Dienstleistung: Lösungen aus der Praxis. Düsseldorf, Seite 297-307.

Knetsch, W. (1996):
Die treibenden Kräfte: Der Weg zum vernetzten Unternehmen, in: Arthur D. Little (Hrsg.): Management in vernetzten Unternehmen. Wiesbaden, Seite 15-72.

Koenig, M. (1990):
Information Services and Downstream Productivity, in: Annual Review of Information Science and Technology Nr. 25.

Kortzfleisch, H. von (1997):
Kooperieren und Lernen im Intranet, in: IM 2(12), Seite 28-35.

Krcmar, H. (1991):
Annäherung an Informationsmanagement - Managementdisziplin und/oder Technologiedisziplin? , in: Staehle, W. und Sydow, J. (Hrsg.): Managementforschung 1. Berlin und New York, Seite 163-204.

Krcmar, H. und Rehäuser, J. (1996):
Wissensmanagement im Unternehmen, in: Schreyögg, G. und Conrad, P. (Hrsg.): Managementforschung 6 - Wissensmanagement. Berlin und New York, Seite 1-40.

Kubicek, H. (1992):
Informationstechnologie und Organisationsstruktur, in: Frese, E. (Hrsg.): Handwörterbuch der Organisation, 3. Aufl. Stuttgart, Spalte 937-958.

Kubicek, H. (1992a):
Informationsverbund, überbetrieblicher, in: Frese, E. (Hrsg.): Handwörterbuch der Organisation, 3. Aufl. Stuttgart, Spalte 994-1009.

Kuhlen, R. (1991):
Hypertext. Ein nicht-lineares Medium zwischen Buch und Wissensbank. Berlin.

Kunkel, R. (1997):
Kundenorientierung – Der Siemens-Nixdorf-Wandel, in: Absatzwirtschaft 8/97, Seite 58-60.

Kyas, O. (1997):
Corporate Intranets. Strategie, Planung, Aufbau. Bonn.

Kyas, O. (1997):
Unternehmensstrategie Intranet, in: Online 2(34), Seite 22-28.

Laker, R. M. und Petersdorf, F. (1997):
Moderne Informationstechnologien in Marketing und Vertrieb: Fluch oder Chance?, in: Absatzwirtschaft 6/97, Seite 44-47.

Laske, S. und Weiskopf, R. (1992):
Hierarchie, in: Frese, E. (Hrsg.): Handwörterbuch der Organisation, 3. Aufl. Stuttgart, Spalte 791-807.

Laux, M. (1997):
Intranet-Techniken machen Groupware nicht zum Luxus, in: Computerwoche, 10/97, Seite 114-115.

Lehmann, H. (1996):
Towards a common architecture paradigm for the global application of information technology, in: Glasson, B. u.a. (Hrsg.): Information Systems and Technology in the International Office of the Future. London, Seite 199-218.

Leonberg, M. C. (1997):
Intranet-Zwischenbilanz, in: Computerwoche 27(24), Seite 41-55.

Lepper, M. (1992):
Behörde, Organisation der, in: Frese, E. (Hrsg.): Handwörterbuch der Organisation, 3. Aufl. Stuttgart, Spalte 292-307.

Lindenlaub, F. und Webersinke, K. (1994):
Strukturwandel der Unternehmen und Folgen für die DV-Infrastruktur. Bedeutung eines Information Warehouse, in: Dorn, B. (Hrsg.): Das informierte Management, Seite 61-74. Berlin u.a.

Lipinski, , K (1996):
Lexikon der Datenkommunikation. 4. Aufl. Bonn u.a.

Loebbecke, C. (1997):
Concepts and technologies for virtual organizing: the Gerling journey, in: European management journal 2(15), Seite 138-146.

Löffelholz, M. und Altmeppen, K.-D. (1994):
Kommunikation in der Informationsgesellschaft, in: Merten, K.; Schmidt, S. J. und Weischenberg, S. (Hrsg.): Die Wirklichkeit der Medien - Eine Einführung in die Kommunikationswissenschaft, Opladen, Seite 570-591.

Martin J. (1997):
Das Cyber-Unternehmen. Wien.

Martiny, L. und Klotz, M. (1990):
Strategisches Informationsmanagement – Bedeutung und organisatorische Umsetzung. München und Wien.

Merkel, H. (1989):
Auswirkungen der neuen Technologien der Bürokommunikation auf Wirtschaftlichkeit und Effektivität, in: Tenzer, G. (Hrsg.): Büroorganisation - Bürokommunikation: Mittel zur Steigerung der Produktivität. 2. Aufl. Heidelberg, Seite 235-261.

Merkel, M (1996):
Virtuelle Organisationen – ihr Erfolgspotential: eine integrative Informationsinfrastruktur. IFI-Institutsbericht. Zürich.

Merten, K. (1994):
Evolution der Kommunikation, in: Merten, K.; Schmidt, S. J. und Weischenberg, S.

(Hrsg.): Die Wirklichkeit der Medien - Eine Einführung in die Kommunikationswissenschaft, Opladen, Seite 141-162.

Merten, K.; Schmidt, S. J. und Weischenberg, S. (Hrsg.) (1994):
Die Wirklichkeit der Medien - Eine Einführung in die Kommunikationswissenschaft. Opladen.

Mertens, P. (1994):
Virtuelle Unternehmen, in: Wirtschaftsinformatik 2(36).

Mieze, T. (1997):
Vorsicht vor Schnellschüssen: Intranet, in Diebold-Management-Report 4, Seite 12-16.

Milkau, U. (1997):
Die interne Revolution: Intranets für Versicherungen, in: Versicherungsbetriebe 2(27), Seite 18-25.

Miller, W. F. (1996):
Regionalism, Globalism, and the New Economic Geography. Palo Alto.

Mocker, H. und Mocker, U. (1997):
Intranet – Internet im betrieblichen Einsatz: Grundlagen, Umsetzungen, Praxisbeispiele. Frechen-Königsdorf.

Müller, W. (1995):
Interaktive Medien im professionellen Einsatz. Bonn.

Müthlein, T. (1995):
Virtuelle Unternehmen – Unternehmen mit einem rechtssicheren informationstechnischen Rückgrat, in: Theorie und Praxis der Wirtschaftsinformatik, 185(32), Seite 68-77.

Neumann, I. (1991):
Wirtschaftlichkeit von Electronic Mail Systemen, in: Verein Deutscher Ingenieure (Hrsg.): Erfolgreicher mit Bürokommunikation in Industrie und Dienstleistung: Lösungen aus der Praxis. Düsseldorf, Seite 233-245.

Neumann, N. (1991):
Papierlose Vorgangsbearbeitung im Einsatz, in: Verein Deutscher Ingenieure (Hrsg.): Erfolgreicher mit Bürokommunikation in Industrie und Dienstleistung: Lösungen aus der Praxis. Düsseldorf, Seite 109-130.

Noltemeier, A. (1997):
Kommunale Dienste im Netz, in: Der GMD-Spiegel, Seite 35-38.

Nouvortne, D. (1995):
Beyond Corporate Networks: neue technische und organisatorische Gestaltungsfreiräume durch moderne Telekommunikation, in Versicherungswirtschaft, 20(50), Seite 1432-1439.

Oberschulte, H. (1996):
Organisatorische Intelligenz - ein Vorschlag zur Konzeptdifferenzierung, in: Schreyögg, G.

und Conrad, P. (Hrsg.): Managementforschung 6 - Wissensmanagement. Berlin und New York, Seite 41-82.

Onsi, M. (1975):
Informationssysteme für Planung und Kontrolle, in: Jaggi, B. L. und Görlitz, R. (Hrsg.): Handbuch der Informationssysteme, München, Seite 195-216.

Pawlowsky, P. (1992):
Betriebliche Qualifikationsstrategien und organisationales Lernen, in: Staehle, W. H. und Conrad, P. (Hrsg.): Managementforschung 2. Berlin und New York, Seite 177-238.

Picot, A. und Franck, E. (1992):
Informationsmanagement, in: Frese, E. (Hrsg.): Handwörterbuch der Organisation, 3. Aufl. Stuttgart, Spalte 886-900.

Picot, A. und Reichwald, R (1987):
Bürokommunikation: Leitsätze für den Anwender. 3. Aufl. Hallbergmoos.

Picot, A.; Reichwald, R. und Wiegand, R. T. (1996):
Die grenzenlose Unternehmung – Information, Organisation und Management. 2. Aufl. Wiesbaden.

Poensgen, W. (1996):
Intranet, in: Office-Management, 11(44), Seite 14-33.

Pommeranz, J. (1991):
Integrierte Vorgangsbearbeitung im Marketing und im Vertrieb, in: Verein Deutscher Ingenieure (Hrsg.): Erfolgreicher mit Bürokommunikation in Industrie und Dienstleistung: Lösungen aus der Praxis. Düsseldorf, Seite 221-231.

Prange, C. (1996):
Interorganisationales Lernen: Lernen in, von und zwischen Organisationen, in: Schreyögg, G. und Conrad, P. (Hrsg.): Managementforschung 6 - Wissensmanagement. Berlin und New York, Seite 191-234.

Quek, F. und Tarr, I. (1996):
An example of the use of WWW as a tool environment for research and collaboration, in: Glasson, B. u.a. (Hrsg.): Information Systems and Technology in the International Office of the Future. London, Seite 237-256.

Quereshi, S. (1996):
An electronic social space for consultation and collaboration, in: Glasson, B. u.a. (Hrsg.): Information Systems and Technology in the International Office of the Future. London, Seite 257-270.

Reber, G. (1992):
Lernen, organisationales, in: Frese, E. (Hrsg.): Handwörterbuch der Organisation, 3. Aufl. Stuttgart, Spalte 1240-1255.

Reichwald, R. und Nippa, M. (1992):
Informations- und Kommunikationsanalyse, in: Frese, E. (Hrsg.): Handwörterbuch der Organisation, 3. Aufl. Stuttgart, Spalte 855-872.

Reinhold, G. (Hrsg.) (1991):
Soziologielexikon. München und Wien.

Richter, K. (1989):
Bürokommunikation sinnvoll gestaltet, in: Tenzer, G. (Hrsg.): Büroorganisation - Bürokommunikation: Mittel zur Steigerung der Produktivität. 2. Aufl. Heidelberg, Seite 284-292.

Ring, K. (1997)
Der Austausch von Inhalten ist ein kulturelles Minenfeld, Interview mit Screen Multimedia, www.screen-multimedia.de.

Robert, H. P. (1991):
PPS - Wirtschaftlichkeit durch Informationsbereitstellung und soziale Integration, in: Verein Deutscher Ingenieure (Hrsg.): Erfolgreicher mit Bürokommunikation in Industrie und Dienstleistung: Lösungen aus der Praxis. Düsseldorf, Seite 197-206.

Rohner, K. (1996):
Internet, Intranet und Extranet: Instrumente für Management und Unternehmen, in: IO-Management 12(65), Seite 63-66.

Romm, C. und Pliskin, N. (1996):
The office tyrant: abuse of power through E-Mail, in: Glasson, B. u.a. (Hrsg.): Information Systems and Technology in the International Office of the Future. London, Seite 271-286.

Rüttler, M. (1991):
Information als strategischer Erfolgsfaktor. Konzepte und Leitlinien für eine informationsorientierte Unternehmensführung. Berlin.

Sashkin, M. (1975):
Verhaltensbestimmte Kommunikation in Organisationen, in: Jaggi, B. L. und Görlitz, R. (Hrsg.): Handbuch der Informationssysteme, München, Seite 134-162.

Sasse, V. (1997):
Was ist neu am Intranet?, in: PC Intern 1/97, Seite 36-40.

Sawyer, S. und Southwick, R. (1996):
Distributed work and client/server-computing: issues from the field, in: Glasson, B. u.a. (Hrsg.): Information Systems and Technology in the International Office of the Future. London, Seite 287-298.

Schanz, G. (1992a):
Organisation, in: Frese, E. (Hrsg.): Handwörterbuch der Organisation, 3. Aufl. Stuttgart, Spalte 1459-1471.

Schanz, G. (1992b):
Partizipation, in: Frese, E. (Hrsg.): Handwörterbuch der Organisation, 3. Aufl. Stuttgart, Spalte 1901-1914.

Schätzler, D. und Eilingsfeld, F. (1997):
Intranets – firmeninterne Informationssysteme mit Internet-Technologie. Heidelberg.

Scherer, R. (1991):
Service-Dokumentation bei Mercedes Benz AG mit DV-Unterstützung am Beispiel der Nuzfahrzeug-Dokumentation, in: Verein Deutscher Ingenieure (Hrsg.): Erfolgreicher mit Bürokommunikation in Industrie und Dienstleistung: Lösungen aus der Praxis. Düsseldorf, Seite 91-108.

Scherff, J. (1987):
Bürokommunikation. Wiesbaden.

Scholl, W. (1992):
Informationspathologien, in: Frese, E. (Hrsg.): Handwörterbuch der Organisation, 3. Aufl. Stuttgart, Spalte 900-912.

Scholz, C. (1996):
Virtuelle Organisation: Konzeption und Realisation, in: Zeitschrift Führung + Organisation 4(65), Seite 203-210.

Schreyögg, G. und Conrad, P. (Hrsg.) (1996):
Wissensmanagement - Managementforschung 6. Berlin und New York.

Schreyögg, G. und Sydow, J. (Hrsg.) (1997):
Gestaltung von Organisationsgrenzen – Managementforschung 7. Berlin und New York

Schulz, R. (1991):
Möglichkeiten und Beispiele für den wirtschaftlichen Einsatz integrierter Vorgangsbearbeitung, in: Verein Deutscher Ingenieure (Hrsg.): Erfolgreicher mit Bürokommunikation in Industrie und Dienstleistung: Lösungen aus der Praxis. Düsseldorf, Seite 191-196.

Schwetz, R. (1989):
Eine Voraussetzung für die Produktivität im Büro: Schulung der Führungskräfte, in: Tenzer, G. (Hrsg.): Büroorganisation - Bürokommunikation: Mittel zur Steigerung der Produktivität. 2. Aufl. Heidelberg, Seite 164-234.

Seck, A. (1991):
Bürokommunikation im IBM-Werk Mainz, in: Verein Deutscher Ingenieure (Hrsg.): Erfolgreicher mit Bürokommunikation in Industrie und Dienstleistung: Lösungen aus der Praxis. Düsseldorf, Seite 207-219.

Seeger, T. (1997):
Gegenstand der Information und Dokumentation, in Buder, M.; Rehfeld, W.; Seeger, T. und Strauch, D. (Hrsg.): Grundlagen der praktischen Information und Dokumentation. München u.a., Seite 1-15.

Seibt, D. (1989):
Integrationsaspekte technologiegestützter Informations- und Komunikationssysteme, in: Tenzer, G. (Hrsg.): Büroorganisation - Bürokommunikation: Mittel zur Steigerung der Produktivität. 2. Aufl. Heidelberg, Seite 143-163.

Semmusch, J. (1991):
Computer Based Training als Instrument der Organisationsentwicklung, in: Verein Deutscher Ingenieure (Hrsg.): Erfolgreicher mit Bürokommunikation in Industrie und Dienstleistung: Lösungen aus der Praxis. Düsseldorf, Seite 429-438.

Sieber, H. (1997):
Die Internet-Unterstützung Virtueller Unternehmen, in: Schreyögg, G. und Sydow, J. (Hrsg.): Gestaltung von Organisationsgrenzen. Berlin und New York, Seite 199-234.

Siebert, H. (1991):
Ökonomische Analyse von Unternehmensnetzwerken, in: Staehle, W. und Sydow, J. (Hrsg.): Managementforschung 1. Berlin und New York, Seite 291-312.

Sinn, D. (1997):
Die Wege werden kürzer: Internet und Intranet-Anwendungen, in: Diebold-Management-Report 3, Seite 12-16.

Span, K. (1996):
INET-Technologie – Kommunikation ohne Grenzen, in: PC-Netze 12/96, Seite 60-66.

Späth, J. (1991):
Bürokommunikation - Motor des Fortschritts?, in: Verein Deutscher Ingenieure (Hrsg.): Erfolgreicher mit Bürokommunikation in Industrie und Dienstleistung: Lösungen aus der Praxis. Düsseldorf, Seite 1-20.

Specht, D. (1991):
Rechnerunterstützte Lehr- und Lernsysteme in Entwicklung und Produktion, in: Verein Deutscher Ingenieure (Hrsg.): Erfolgreicher mit Bürokommunikation in Industrie und Dienstleistung: Lösungen aus der Praxis. Düsseldorf, Seite 309-316.

Stabenow, R. (1990):
Auswirkungen integrierter Informations- und Kommunikationssysteme auf die Bürokommunikation - untersucht am Beispiel der ISDN-Technik: theoretische Konzeption und empirisch explorative Analyse. Würzburg.

Staehle, W. H. (1991):
Redundanz, Slack und lose Kopplung in Organisationen: Eine Verschwendung von Ressourcen?, in: Staehle, W. und Sydow, J. (Hrsg.): Managementforschung 1. Berlin und New York, Seite 313-346.

Staehle, W. und Sydow, J. (Hrsg.) (1991):
Managementforschung 1. Berlin und New York.

Staehle, Wolgang H. und Conrad, Peter (Hrsg.) (1992):
Managementforschung 2. Berlin und New York.

Stansell, S. R. und Henry, J. B. (1975):
Finanzinformationssysteme, in: Jaggi, B. L. und Görlitz, R. (Hrsg.): Handbuch der Informationssysteme, München, Seite 268-284.

Stegbauer, C. (1995):
Die Virtuelle Organisation und die Realität elektronischer Kommunikation, in Kölner Zeitschrift für Soziologie und Sozialpsychologie, 3(47), Seite 535-549.

Strothmann, K.-H. und Kliche, M. (1989):
Innovationsmarketing: Markterschließung für Systeme der Bürokommunikation und Fertigungsautomation. Wiesbaden.

Sydow, J. (1992):
Strategische Netzwerke und Transaktionskosten, in: Staehle, W. H. und Conrad, P. (Hrsg.): Managementforschung 2. Berlin und New York, Seite 239-312.

Tauber, E. M. (1975):
Marketing-Informationssysteme, in: Jaggi, B. L. und Görlitz, R. (Hrsg.): Handbuch der Informationssysteme, München, Seite 217-245.

Telleen, S. L. (1997):
Intranet Organization: Strategies for Managing Change. Cambridge.

Tenzer, G (Hrsg.) (1989):
Büroorganisation - Bürokommunikation: Mittel zur Steigerung der Produktivität. 2. Aufl. Heidelberg.

Tushman, M. L. und Romanelle, E. (1985):
Organizational evolution: A metaphorsis model of convergence and reorientation, in: Cummings, L. L. und Staw, B. M. (Hrsg.): Research in organizational behaviour 1. Greenwich, Seite 171-222.

Ubois, J. (1995):
Wheels of Commerce, in: Internet World 4/95, Seite 82.

Umstätter, M. (1991):
Dokumentenmanagement in heterogenen Netzen und Multivendor-Umgebung, in: Verein Deutscher Ingenieure (Hrsg.): Erfolgreicher mit Bürokommunikation in Industrie und Dienstleistung: Lösungen aus der Praxis. Düsseldorf, Seite 171-190.

Unbekannt (1996):
Intranet – totale Information, in: Markt und Mittelstand 8/96, Seite 68- 71.

Unbekannt (1997):
BT sells news for intranets, in: Information World Review, September, Seite 3.

Verein Deutscher Ingenieure (Hrsg.) (1991):
Erfolgreicher mit Bürokommunikation in Industrie und Dienstleistung: Lösungen aus der Praxis. Düsseldorf.

Vossbein, R. (1990):
Management der Bürokommunikation: strategische und konzeptionelle Gestaltung von Bürokommunikationssystemen. Braunschweig.

Weissenberg, P. (1975):
Informationssysteme im Personalbereich, in: Jaggi, B. L. und Görlitz, R. (Hrsg.): Handbuch der Informationssysteme, München, Seite 285-303.

Wienand, U. (1992):
Dokumentation, Organisation und Techniken, in: Frese, E. (Hrsg.): Handwörterbuch der Organisation, 3. Aufl. Stuttgart, Spalte 521-532.

Wiendiek, G. (1992a):
Akzeptanz, in: Frese, E. (Hrsg.): Handwörterbuch der Organisation, 3. Aufl. Stuttgart, Spalte 89-98.

Wiendiek, G. (1992b):
Teamarbeit, in: Frese, E. (Hrsg.): Handwörterbuch der Organisation, 3. Aufl. Stuttgart, Spalte 2375-2384.

Willke, H. (1996):
Dimensionen des Wissensmanagements - Zum Zusammenhang von gesellschaftlicher und organisationaler Wissensbasierung, in: Schreyögg, G. und Conrad, P. (Hrsg.): Managementforschung 6 - Wissensmanagement. Berlin und New York, Seite 263-304.

Wiswede, G. (1992):
Gruppen und Gruppenstrukturen, in: Frese, E. (Hrsg.): Handwörterbuch der Organisation, 3. Aufl. Stuttgart, Spalte 735-754.

Wollnik, M. (1992):
Telearbeit, in: Frese, E. (Hrsg.): Handwörterbuch der Organisation, 3. Aufl. Stuttgart, Spalte 2400-2417.

Wood, S. D. (1975):
Produktionsinformationssysteme, in: Jaggi, B. L. und Görlitz, R. (Hrsg.): Handbuch der Informationssysteme, München, Seite 246-267.

Ziemer, A. (1988):
Bürokommunikation: Wege zur Rationalisierung und Effizienz. Heidelberg.

Zorn, W. (1997):
Telearbeit – eine neue Arbeitskultur, in: Zeitschrift Führung + Organisation 3(66), Seite 173-176.

10.2 URLs

http://home.netscape.com/comprod/at_work/index.html
Intranet Solutions - Informationen zu Intranet-Lösungen von Netscape, mit Fallbeispielen, Informationen zu Gruppenarbeit, Kommunikation und Verknüpfungen zu anderen Informationen im Internet zum Thema Intranet.

http://home.netscape.com/comprod/at_work/white_paper/indepth.html
Netscape – ein White Paper von Netscape mit dem Titel „Intranet Redefine Corporate Information Systems".

http://ip.com/html_docs/info.html
Intranet Partners – Zweck und Zielsetzung eines Intranets nach Ansicht von Steve Telleen, der hier auch sein Buch „Intranet Organizations: Strategies for Managing Change" vorstellt.

http://microsoft.com/germany/backoffice/intranet/
Microsoft Deutschland BackOffice – Informationen zu Intranet-Strategien mit den Produkten der Microsoft BackOffice-Reihe. Neben den Microsoft-Produkten und Vertriebsprogrammen wird hier ein umfassender, technischer Glossar und einige Fallstudien geboten.

http://microsoft.com/intranet
Microsoft Intranet Solution Center – Lösungsvorschläge von Microsoft für Intranets. Artikel, Fallstudien, Links, Anwendungen und Neuigkeiten werden hier präsentiert.

http://sun.com/solaris/intranet
Präsentation des Sun Solaris Servers als Intranet-Plattform auf der Web-Site von Sun Microsystems. Produktvorstellung, Fragenkatalog, Vergleich zu anderen Produkten usw.

http://techweb.cmp.com/iw/564/64iuint.htm
Ein Artikel aus Information Week vom 29. Jan. 1996 mit dem Titel „The Intranets Roll In".

http://vip.netscape.com/vip/
Netscape's Virtual Intranet - ein fiktives Unternehmens-Intranet von Netscape, das die möglichen Anwendungen eines Intranets anhand von Beispielen demonstriert.

http://webcom.com/wordmark/sem_1.html
Ein Seminar von Ryan Bernard von Woodmark Associates mit dem Titel „Building a Corporate Web". Das Seminar stellt Web-Technologien und ihre Einsatzmöglichkeiten in Unternehmen vor (Dokumentverteilung, interaktive Funktionen, Schulung, Datenbankzugriff usw.).

http://www.brill.com/intranet
The Intranet Journal – Web-Site von The Intranet Journal, einem Online-Forum, mit Neuigkeiten, FAQ-Listen und anderen Informationen zum Thema Intranet.

http://www.bsgnet.com/
Die Web-Site von BSGnet bietet Informationen zu Inhalten und Aufbau von Intranets. Bei der Implementierung eines Intranets können die hier publizierten Fragebögen, Checklisten und Formulare hilfreich sein.

http://www.corel.com
Homepage der Corel Corp. – Über die Homepage der Corel Corp. können Informationen zu Office-Programmen, die vor allem für den Einsatz im Intranet entwickelt wurden, bezogen werden. Eine Informationssammlung bietet White Paper, Beta-Versionen, Grafiken, Hilfe-Dateien u.a. zu Corel Office for Java.

http://www.datamation.com/PlugIn/issues/1996/dec/12bpr.html
Ein Artikel aus der Dezemberausgabe der Datamation von G. James, in dem vorgestellt wird, wie die Probleme des Reengineering durch Intranets gelöst werden können.

http://www.datamation.com/PlugIn/issues/1996/feb1/02ant100frame.htm
Ein Artikel aus der Februarausgabe der Datamation mit dem Titel „Jump Starts your I-Nets", der unter anderem die zum Aufbau eines Intranets erforderlichen Schritte erläutert.

http://www.forrester.com/hp_mar96nsr.htm
Der Bericht „Forrester Defines The Full Service Intranet" beinhaltet die Vorstellungen des Network Strategy Service von Forrester in bezug auf ein Intranet das aus den fünf Komponenten Verzeichnisdienst, E-Mail, Dateidienst, Druckdienst und Netzwerkverwaltung besteht.

http://www.gene.wins.uva.nl/~eyt/OnderzoekEng.htm
Fragebogen einer niederländischen Universität zum Thema „The Use of Extranets in Collaborations between Organizations". Die Ergebnisse werden nach Beendigung der Umfrage an gleicher Stelle veröffentlicht.

http://www.htscorp.com/intrawp.htm
Intranet: A Guide to „Intraprise-Wide" Computing – Ein Überblick der Vorteile des Einsatzes eines Intranet: Einstieg, Anwendungen und ein Vergleich Groupware/Intranet.

http://www.hummingbird.com/whites/intranet.html
Das White Paper „The Intranet" von Hummingbird Communications gibt einen Überblick der Intranet-Technologien. Zusätzlich wird erläutert, wie mit einem Intranet ein organisationsweites Informationssystem aufgebaut werden kann.

http://www.infoweb.com.au/intralnk.htm
Intranet Resource Centre – Eine gut strukturierte Sammlung von Verknüpfungen zu anderen Informationen im Internet zum Thema Intranet.

http://www.infoworld.com/cgi-bin/displayArchives.pl?960515.intrnetfeat.htm
Ein Sammlung von Fallbeispielen zu Intranet-Implementationen aus der InfoWorld.

http://www.infoworld.com/cgi-bin/displayArchives.pl?dt_iwe02-97_75.htm
Ein Artikel aus der InfoWorld vom 13. Januar 1997 mit dem Titel „Intranets bets pay off".

http://www.innergy.com/
Intranet Design Magazine – ein E-Zine, das im zweiwöchigen Rhythmus erscheint: Artikel, Neuigkeiten, Analysen, Praxistips, Diskussionsforum.

http://www.intrack.com
The Complete Intranet Resource – umfangreiche Informationssammlung zum Thema Intranet. Verweise auf weitere Quellen wie Bücher, Artikel, Internet-Seiten usw. Intranet-Forum, Intranet-Diskussionsliste, Intranet-Ereignisse und weitere Informationen.

http://www.intranut.com/
Dieses Angebot des amerikanischen Beratungsunternehmen Intranut wird wöchentlich

aktualisiert. Es richtet sich an Entwickler, Programmierer, Anwender, Dienstleister und Berater, die an Intranets interessiert sind.

http://www.lpilease.com/column.htm
The Dominance of the Intranet – Einsatz und Nutzung von Intranets in Unternehmen. Stand: März 1996.

http://www.microsoft.com/cio/articles/intranetstrategy.htm
Unter dieser Adresse ist ein Dokument zur Intranet-Strategie und den Intranet-Produkten von Microsoft verfügbar.

http://www.microsoft.com/intranet/default.asp
Microsoft Intranet Solution Center – Strategien und Produktinformationen von Microsoft.

http://www.ncsa.uiuc.edu/SDG/IT94/Proceedings/CorInfSys/bednarcyk/bednarcyk.htm
Ein wissenschaftlicher Bericht mit dem Titel „A Local Web for Information Delivery" als Beitrag zur 2. WWW Conference.

http://www.ncsa.uiuc.edu/SDG/IT94/Proceedings/CorInfSys/fischer/fischer.htm
Ein wissenschaftlicher Bericht mit dem Titel „Using Mosaic and the WWW in an Operations Environment" als Beitrag zur 2. WWW Conference.

http://www.ncsa.uiuc.edu/SDG/IT94/Proceedings/CorInfSys/huynh/cmi.htm
Ein wissenschaftlicher Bericht mit dem Titel „Constructing a Corporate memory Infrastructure from Internet Discovery" als Beitrag zur 2. WWW Conference.

http://www.ncsa.uiuc.edu/SDG/IT94/Proceedings/CorInfSys/prah/prah.htm
Ein wissenschaftlicher Bericht mit dem Titel „Mosaic as Corporate Data Collector and Dispenser" als Beitrag zur 2. WWW Conference.

http://www.netg.se/~kerfor/extranet.htm
Referenzseite zum Thema Extranet von Kerstin Forsberg: Definition, Artikel, Bücher, Konferenzen, Standards, Projekte, Produkte, Sicherheitsaspekte, Kommentare.

http://www.netscape.com/comprod/announce/roi.html
The Intranet: Slashing the Cost of Business – Netscape stellt hier eine Studie zum Thema Return on Investment vor, die von dem amerikanischen Beratungsunternehmen IDC durchgeführt wurde. Die Studie beinhaltet Fallstudien zu Intranets.

http://www.novell.com/icd/nip/nbg2ii1.html
Novell – Ein Online-Handbuch von Novell mit dem Titel „Tap Into the Power of Intranets and the Internet", in dem erläutert wird, wie man mit Intranet und Internet ein globales Informationssystem für ein Unternehmen aufbaut.

http://www.process.com/intranets/wp2.htp
Beitrag von L. Levitt von Process Software zum jährlichen Treffen der Internet Society INET 96 mit dem Titel „Intranets: Internet Technologies Deployed Behind the Firewall for Corporate Productivity". Das Dokument erläutert den Einsatz von Intranets zu Kommunikationszwecken sowie die Bedeutung dieser Technologie Unternehmen, Organisationen und die Gesellschaft.

http://www.redtraktor.com/
Demonstration eines Intranets.

http://www.sgi.com/Headlines/1996/March/intranet/doug.html
The Intranet Reinvents Business – eine Beschreibung des Intranets von SGI.

http://www.simsy.ch/intranet
Simsy's Intranet Pavillon zu den Themen: Einführung, Pro & Kontra, Implementierung, Web-Design, Kompendium und Programmierung.

http://www.simware.com/whitepapers/salvo/#mcb
Ein umfassendes White Paper von L. Shepherdson mit dem Titel „The Mission Critical Browser", das sich an technisch Verantwortliche und Führungskräfte richtet. Es erläutert die Vorzüge des Zugriffs auf unternehmensinterne Informationen per Browser.

http://www.strom.com/pubwork/intranet.html
The Intranet Information Page – mehrere Web-Sites zu Strategien und Perspektiven des Intranets von David Strom. Unter anderem das White Paper „Creating Private Intranets: Challenges ans Prospects for IS".

http://www.strom.com/pubwork/intranetp.htm
Ein White Paper mit dem Titel „Creating Private Intranets: Challenges and Prospects for IS", das D. Strom 1995 für Attachmate Corp. geschrieben hat.

http://www.sun.com
Informationen zur Programmiersprache Java findet man im Web-Angebot von Sun Microsystems.

http://www.sun.com/java
Informationen von Sun Microsystems, den Entwicklern von Java, zu diversen Themen, die die objektorientierte Programmiersprache Java betreffen. Produkte, Netzwerkcomputer, Lösungen von Drittanbietern, Analysen, Informationen für Entwickler usw. werden hier vorgestellt.

http://www.sun.com/sunworldonline/swol-05-1996/swol-05-intranet.htm
Ein Artikel aus der SunWorld mit dem Titel „Cheap & efficient intranets flourish", in dem die Vorteile des Intranets vorgestellt werden.

http://www.virtual-organization.net
Informationsangebot der Abteilung für Informationsmanagement des Instituts für Informationssystem der Universität Bern zum Thema Virtuelle Organisationen. Informationen, Links, Literaturliste, Mailing-Liste und Newsletter zum genannten Thema.

http://www.web-master.com/forums/career.html
The Professional Webmaster – Informationen für die Administratoren von Internet Web-Sites und Intranets: Aufgabenbeschreibung, Gehälter, erforderliche Kenntnisse, zukünftige Entwicklung.

http://www.webweek.com/96Mar/news/breed.htm

Ein Artikel aus der Märzausgabe von Web Week mit dem Titel „New Breed: Intranet Champions" mit Tips zur Einrichtung eines Intranets und Fallbeispielen.